À votre portée

Éliane McKee
State University College at Buffalo

Melissa M. Gruzs

HOLT, RINEHART AND WINSTON, INC.
New York   Chicago   San Francisco
Philadelphia   Montreal   Toronto
London   Sydney   Tokyo

PUBLISHER Nedah Abbott
EXECUTIVE EDITOR Vincent Duggan
DEVELOPMENTAL EDITOR Biodun Iginla
PROJECT EDITOR Julia Price
PRODUCTION MANAGER Lula Als
DESIGN SUPERVISOR Renée Davis

Library of Congress Cataloging-in-Publication Data

McKee, Éliane
 À votre portée.

 French and English.
 1. French language — Readers. 2. French language —
Text-books for foreign speakers — English. - 2. French
literature. I. Gruzs, Melissa M. II. Title.
PC2117.G78 1987   448.6′421   86 – 33470

ISBN 0-03-006643-3

Printed in the United States of America

8 9 0 1   0 1 6   9 8 7 6 5 4 3 2

Holt, Rinehart and Winston, Inc.
The Dryden Press
Saunders College Publishing

Table des matières

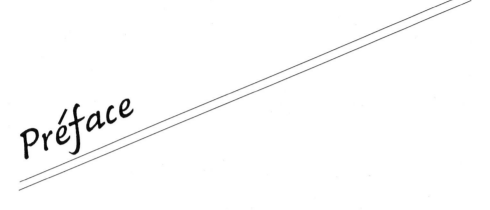

Préface

I. To the Teacher

À **votre portée** is an introductory reader for university students at the intermediate/advanced levels of French. It is designed especially for students who have learned French under a communicative approach — that is, where emphasis has been on meaning, and where students have been encouraged to use French to express their own ideas on topics that are important to them.

Goals

The primary goal of À **votre portée** is to help students acquire reading skills that will enable them to enjoy and appreciate unedited texts in French. To reach this goal, systematic practice in developing reading skills has been provided in the form of prereading activities and questions incorporated between small segments of text. Students are encouraged to answer all of these questions because they have been designed to help students check their overall comprehension of the texts. If students cannot answer a particular question, they are urged to go back and reread the passage to which it refers. Glosses in English have been provided only for potentially unfamiliar words that are absolutely necessary for comprehension, in order to help students gain confidence in reading without constantly turning to the dictionary. In addition, footnotes in English explain difficult sentences or cultural allusions. With the exception of the glosses and footnotes, the entire reader is in French.

Organization

À **votre portée** contains short stories and poems by nineteenth- and twentieth-century authors from various francophone countries: from France, Marcel Aymé, Gilbert Cesbron, Colette, Victor Hugo, Guy de Maupassant, and Jacques Prévert; from Niger, Boubou Hama with Andrée Clair; from Senegal, Abdou Anta Kâ; and from Canada, Georges Boucher de Boucherville and Pierre Dagenais. Because the texts have not been abridged or simplified in any way, they can be read and studied in any order you choose. In addition to the questions inserted within the texts, there are several sections accompanying each text that will help students thoroughly probe and understand what they have read:

1. *Pendant que vous lisez.* Students are urged to study this prereading section thoroughly. The first part, **Points à noter,** contains short phrases in French designed to help students recognize the development of a text. **Style et techniques,** the second part, briefly suggests aspects of an author's style that students can look for as they read. In the third part, **Stratégies de lecture,** students are guided in reading for meaning. For example, the meaning of unfamiliar words is determined through word roots, cognates, context, and other cues available; in the case of the poems, a poetic convention is explained and practice is given in pausing at the appropriate points while reading. In addition, those words in a selection that fit the strategy under discussion are highlighted, in order to help students recognize pertinent vocabulary and to put the strategy into practice.
2. *Récapitulation.* Content questions following each text serve to check students' understanding of basic events. Depending on students' needs, these questions may be used in class discussions or assigned to be answered in writing.
3. *Somme toute.* These questions give students the opportunity to reexamine various aspects of a text after reading it in its entirety. For example, one such question for *Le Manteau de spahi* is « Que savons-nous du rapport entre la mère et le père? Relevez des exemples du texte pour illustrer vos affirmations. » Although the answers students prepare for this question will be personalized, they still must be supported with facts.
4. *Extrapolation.* These questions encourage students to take advantage of their own beliefs and creativity to go beyond a text in many ways. For example, students might retell an incident in a story from the point of

view of another character, or they might explore the theme of a text in broader terms. Those questions that lend themselves best to written preparation are so indicated.

5. *Techniques de l'auteur.* The questions in this section help students explore certain aspects of an author's style which have been introduced in **Style et techniques.**

There is a great deal of flexibility in the ways the questions can be used in class. For example, students can answer any of the questions orally or in writing; questions can be discussed in large or small groups; many questions can form the basis for class debates; or questions can be used as topics for student-prepared presentations.

II. To the Student

Reading for Meaning

Even though you may not be satisfied with your reading ability in English, you can learn good reading skills in French. *Whatever* your skills in English, you need to practice and develop skills for reading effectively in French.

When you read with understanding, you are constantly thinking: you analyze, draw inferences, and make judgments about what you are reading. To help you read with understanding in French, questions have been inserted between small segments of text to draw your attention to the overall meaning of a passage and to help you analyze what you are reading. It is important that you *not* skip these questions as you read because they will enable you to assess how well you have understood a reading. If you can answer these questions, then you have understood the reading; on the other hand, if you cannot answer them, you should review the passage that you just read.

If you are the kind of reader who looks up every unfamiliar word as soon as you come to it or who writes translations above every line, how much do you understand of what you read? However tempting it might be, this type of reading is a very slow process and one that does not easily lead to comprehension because it draws your attention away from the meaning of a whole passage.

Consider what you normally do when you encounter a new word while reading the newspaper: you might ignore the word, thinking either that it isn't important or that its meaning will become clear later, or you might look at the context of what you are reading to figure out the meaning of the word. You'll probably look up a word in your dictionary only if it recurs and if you feel that the word is important to your understanding of the reading.

As you read in French, keep in mind that you need not understand *every* word in order to grasp the main idea of a reading. Look, for example, at this line from **La Dot:** « *...et Mlle Jeanne Cordier avait trois cent mille˜ francs liquides, en billets de banque et en titres au porteur.* » (l. 5 – 6). You may not know the meaning of *liquides, billets de banque,* or *titres au porteur;* however, because of the words *trois cent mille francs,* you can see that this line has to do with a large sum of money — and that is all you need to know.

The following are additional suggestions to help you read for meaning:

1. **All the material makes sense.** Approach a reading with the attitude that you will be able to understand it.
2. **Look at the title.** What does it mean? This is one place where you cannot ignore new words in the hope of understanding them later. Look up all the unfamiliar words in the title before you begin to read.
3. **Before looking up an unfamiliar word within a passage, read on for a few sentences.** You may often find that a word is explained in another sentence, or that you grasp enough of the meaning of the paragraph without understanding that word.

Ideally, each experience in determining the meaning of a word should contribute to the development of skills that will make it easier to determine the meaning of yet another word.

III. Le Passé simple

In order to read literature, it is important to recognize and understand the *passé simple,* a verb tense that is used extensively in narrative writing. This is a past tense that often replaces the *passé composé* in such writing. It is necessary only that you recognize forms of the *passé simple* as you read, because it is not likely that you will use this tense when you write.

The stem of regular verbs is found by taking the -er, -ir, or -re ending from the infinitive. The *passé simple* endings for each group are:

-er verbs, including **aller** :	-ir verbs, including verbs like **dormir** :	-re verbs:
chanter	**finir**	**vendre**
je chantai nous chantâmes	je finis nous finîmes	je vendis nous vendîmes
tu chantas vous chantâtes	tu finis vous finîtes	tu vendis vous vendîtes
il chanta ils chantèrent	il finit ils finirent	il vendit ils vendirent

For irregular verbs, the following endings are added to the irregular stems listed below (the verb **être** is shown in the following example):

je fus	nous fûmes	(ˆ is above the last vowel in both **nous** and **vous** stems)
tu fus	vous fûtes	
il fut	ils furent	

apercevoir	aperçu-	être	fu-	pleuvoir	il plut
asseoir	assi-	faillir	failli-	pouvoir	pu-
avoir	eu-	faire	fi-	prendre	pri-
boire	bu-	falloir	il fallut	recevoir	reçu-
conduire	conduisi-	fuir	fui-	résoudre	résolu-
convaincre	convainqui-	lire	lu-	rire	ri-
connaître	connu-	mettre	mi-	savoir	su-
courir	couru-	mourir	mouru-	suivre	suivi-
craindre	craigni-	naître	naqui-	valoir	valu-
croire	cru-	offrir	offri-	venir	vin-
devoir	du-	ouvrir	ouvri-	vivre	vécu-
dire	di-	percevoir	perçu-	voir	vi-
écrire	écrivi-	plaire	plu-	vouloir	voulu-

Check your understanding of the **passé simple** by replacing the verbs in the **passé simple** in the sentences below with their corresponding forms in the **passé composé.**

1. Avec précaution il le **conduisit** vers le bureau et le **fit** asseoir dans le fauteuil du patron.
2. Les deux filles **se mirent** à rire et la plus jeune **ajouta**...
3. Lili **devint** rouge, et **courut** brusquement vers ma mère...
4. Paul et moi **ouvrîmes** nos yeux tout grands...
5. Ils **poussèrent** la porte et **aperçurent** Pierre.
6. Le croque-mort (undertaker) s'en **alla** et **fut** remplacé par un cocher (coach driver) qui fleurait l'écurie.
7. J'**eus** peur de cet homme.
8. C'est ainsi qu'ils **se rendirent** jusqu'à la petite tour.
9. Aussitôt que je **vis** que la pluie avait entièrement cessé, je **m'élançai** vite...
10. Nous **redescendîmes** donc par la route ordinaire.

Acknowledgments

We would like to thank the following reviewers, whose comments and suggestions helped to shape **À votre portée** : Dorothy Betz, Georgetown University; Alvord Brannan, San Diego State University; Carol Herron, Emory University; Arthur Sabatini, State University of New York at Oswego; and Nancy C. Holden, Mount Holyoke College.

E.M., M.M.G.

À votre portée

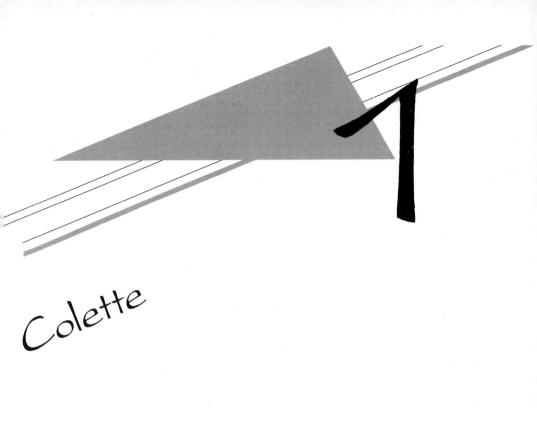

Colette

Notes sur l'auteur

Née en 1873 à Saint-Sauveur-en-Puisaye dans l'Yonne (Bourgogne), **Sidonie-Gabrielle Colette** passe son brevet élémentaire à dix-sept ans et complète son éducation en lisant des auteurs célèbres tels que Balzac, Hugo, Dumas et Zola. En 1893 elle se marie avec un journaliste, Henri Gauthier-Villars, dit Willy, d'avec qui elle divorce en 1910. Elle collabore alors au journal **Le Matin,** y fait la connaissance du rédacteur en chef Henry de Jouvenel et l'épouse en 1912. En 1913 naît sa fille surnommée Bel-Gazou qui restera, avec sa mère Sido, une inspiration constante pour beaucoup de ses œuvres.

Auteur prolifique, Colette est l'un des auteurs féminins les plus connus jusqu'à nos jours. Sa première héroïne est Claudine, personnage qui figure dans une série de romans qui sont tous des best-sellers. Cependant, comme les premières éditions sont publiées sous le seul nom de Willy, Colette profite peu de ce succès. Sous ses instances, les éditions suivantes porteront le nom de « Willy et Colette Willy », puis « Colette Willy », et ce n'est qu'en 1924 que Colette adoptera enfin le simple nom de Colette qui va la rendre célèbre. Par la suite, plusieurs de ses romans seront tournés en films ou adaptés à la scène.

Après un troisième mariage, Colette entreprend plusieurs voyages tout en continuant à produire une littérature abondante. Après la séparation de son mari, elle s'installe définitivement au Palais-Royal en 1938. Sa renommée ne cesse de grandir; élue à l'Académie Goncourt (1945), nommée grand-officier de la Légion d'honneur (1953), la France lui fait en 1954 des funérailles nationales au Palais-Royal.

Les deux histoires qui suivent, **Le Manteau de spahi** et **Ma Mère et le fruit défendu,** montrent l'aisance de la composition et de l'écriture chez Colette.

Le Manteau de spahi[1]

Pendant que vous lisez

A. Points à noter. Avant de lire, considérez les points suivants. Ils vous aideront à suivre le fil de l'histoire.

— ce que c'est que le manteau de spahi
— ce que fait la mère pour pouvoir bien le conserver
— ce qui est arrivé au manteau de spahi
— la réaction de la mère
— les suggestions du père
— la solution finale du père

B. Style et techniques. En lisant **Le Manteau de spahi,** remarquez les éléments suivants :

1. les analogies et métaphores dont se sert Colette dans ses descriptions
2. comment Colette arrive à montrer au lecteur le caractère psychologique de son père et de sa mère

C. Stratégies de lecture. Étudiez la stratégie suivante et, pendant que vous lisez **Le Manteau de spahi,** essayez de la mettre en pratique.

Une connaissance des préfixes et des suffixes est utile pour pouvoir déchiffrer (*decode*) le sens de certains mots. Les préfixes et suffixes mentionnés ci-dessous sont parmi les plus fréquents :

r(e)-, ra- = la répétition : **re**faire, **r**habiller, **ra**fraîchir
dé(s)- = la séparation, la division ou la négation : **dé**faire, **dés**agréable

---

[1] **spahi** : North African soldier in regiments organized by the French army between 1834 and 1962.

en-, em- = dans : **en**flammer, **en**terrer, **em**pocher
in-, im- = la négation : **im**pardonnable, **in**conscient

△ △ △

-cide = l'acte de tuer : homi**cide**, sui**cide**
-ure = une action ou le résultat d'une action : bless**ure**, coup**ure**
-ible = la possibilité : corrig**ible**, ris**ible**
-oir(e) = l'endroit où se passe une action : baign**oire**, parl**oir** ;
        l'instrument servant à accomplir une action : mouch**oir**, arros**oir**
-eur, -euse = l'agent d'une action : profess**eur**, coiff**euse**
-ier, -ière = des noms de métier : cuisin**ier**, épic**ière**

Ces préfixes et suffixes sont accentués dans **Le Manteau de spahi.**
Ils vous seront utiles pour déterminer le sens des mots où ils se trouvent.

Le manteau de spahi, le burnous[2] noir *lamé d'or,*   *with gold threads*
la chéchia,[2] la « *parure* » composée de trois miniatures   *set of ornaments*
ovales — un médaillon, deux *boucles d'oreilles* —   *earrings*
entourées d'une guirlande de petites pierres fines, le
morceau de « *véritable peau* d'Espagne » indélébile-   *skin, leather*
ment parfumé... Autant de *trésors* auxquels s'attachait   *treasures*
autrefois ma révérence, en quoi je ne faisais qu'imiter
ma mère.
   — Ce ne sont pas des *jouets,* déclarait-elle grave-   *toys*
ment, et d'un tel air que je pensais justement à des
jouets, mais pour les *grandes personnes...*   *adults*

▲ **Quelles sortes de choses la mère garde-t-elle ?**

Elle s'amusait, parfois, à draper sur moi le bur-
nous noir léger, *rayé* de lames d'or, à me coiffer du   *striped*
capuchon à gland ; alors elle s'applaudissait de m'avoir   *tasseled hood*
mise au monde.   *given birth*
   — Tu le garderas pour sortir du bal, quand tu

---

[2] **burnous** : hooded robe ; **chéchia** : red felt hat with a tassel (fez). These were garments worn
  by the **spahis.**

seras mariée, disait-elle. Rien n'est plus *seyant*, et au
moins c'est un vêtement qui ne passe pas de *mode*. Ton
père l'a rapporté de sa *campagne* d'Afrique, avec le
20 manteau de spahi.

becoming
fashion, style
campaign

▲ Qu'est-ce que la mère espère faire de ces trésors?

Le manteau de spahi, rouge, et de *drap fin*, dormait *plié* dans un *drap* usé, et ma mère avait *glissé* dans
ses plis un cigare coupé en quatre et une pipe d'*écume*
culottée, « contre les *mites* ». Les mites *se blasèrent-*
25 elles ou le culot de pipe perdit-il, en vieillissant, sa
vertu **insect**icide? Au cours d'une de ces débâcles mé-
nagères qu'on nomme *nettoyages à fond*, et qui *rom-*
pent dans les armoires, comme les fleuves leurs glaces,
les *scellés* de linge, de papier et de *ficelles*, ma mère, en
30 **dé**pliant le manteau de spahi, jeta le grand cri lamen-
table :
— Il est mangé!

linen
folded/sheet/slipped
silicate
charred, tarred/
moths/became
indifferent

"spring cleaning"/
break

sealed bundles/
strings

Comme autour d'une *desserte* d'*anthropo-*
phages, la famille accourut, *se pencha* sur le manteau
35 où le jour brillait par cent *trous*, aussi ronds que si l'on
eût *mitraillé*, à la *cendrée*, le drap fin.

remains/cannibals
leaned over
holes
machine-gunned/
BB's, small shot

▲ Qu'est-ce qui est arrivé au manteau de spahi?

— Mangé! répéta ma mère. Et ma *fourrure* de
renard doré, à côté, intacte.
— Mangé! dit mon père avec calme. Eh bien!
40 voilà, il est mangé.
Ma mère *se dressa* devant lui comme une furie
économe.
— Tu en prends bien vite ton parti![3]
— Oh! oui, dit mon père. J'y suis déjà habitué.

fur
fox

stood up

▲ À quoi le père est-il habitué?

45 — D'abord, les hommes...
— Je sais. Que voulais-tu donc faire de ce manteau?
Elle perdit d'un coup son assurance et montra une
perplexité de *chatte* à qui l'on *verse* du lait dans une
50 *bouteille* au *goulot étroit*.
— Mais... je le conservais! Depuis quinze ans il
est dans le même drap. Deux fois par an je le **dé**pliais, je
le *secouais* et je le **re**pliais...

female cat/pours
bottle/neck/narrow

would shake

[3] **Tu... parti!** : You've resigned yourself to it quickly!

— Te voilà délivrée de ce souci. **Reporte-le sur le** *tartan* vert, puisqu'il est entendu que ta famille a le droit de se servir du tartan rouge à carreaux blancs, mais que personne ne doit toucher au tartan vert à carreaux bleus et jaunes.

plaid blanket

▲ **Comment le père réagit-il à la stupeur de la mère?**

— Le tartan vert, je le mets sur les jambes de la petite quand elle est malade.
— Ce n'est pas vrai.
— Comment ? à qui parles-tu ?
— Ce n'est pas vrai, puisqu'elle n'est jamais malade.
Une main rapide couvrit ma tête comme si les *tuiles* allaient tomber du *toit*.

tiles/roof

— Ne **dé**place pas la question. Que vais-je faire de ce manteau mangé ? Un si grand manteau ! Cinq mètres au moins !
— Mon Dieu, ma chère *âme*, si tu en as tant d'ennuis, **replie**-le, *épingle* sur lui son petit *linceul*, et remets-le dans l'armoire — comme s'il n'était pas mangé !

soul

pin/shroud

▲ **À votre avis, que pensera la mère de cette suggestion ?**

Le *sang* prompt de ma mère *fleurit* ses joues encore si fraîches.

blood/colored

— Oh ! tu n'y penses pas ! Ce n'est pas la même chose ! Je ne pourrais pas. Il y a là presque une question de...
— Alors, ma chère âme, donne-moi ce manteau. J'ai une idée.
— Qu'en vas-tu faire ?
— Laisse. Puisque j'ai une idée.

▲ **À votre avis, quelle idée le père pourrait-il avoir ?**

Elle lui donna le manteau, avec toute sa confiance, **lis**ible dans ses yeux gris. Ne lui avait-il pas affirmé successivement qu'il savait la manière de faire certains caramels au chocolat, d'économiser la moitié des bouchons au moment de la mise en bouteille d'une pièce de bordeaux,[4] et de tuer les *courtilières* qui dévastaient

destructive insects

---

[4] **économiser... bordeaux** : (the father knew how to) save half of the corks (that is, from other wine bottles) to use in bottling new wine. (Actually, these old corks would spoil the new wine, which means that he would not have saved himself anything.)

nos laitues ? Que le vin mal bouché se fût *gâté* en six   *spoiled*
90 mois, que la confection des caramels eût entraîné
l'*incendie* d'un mètre de parquet et la cristallisation,   *fire*
dans le sucre *bouillant*, d'un vêtement entier ; que les   *boiling*
laitues, intoxiquées d'acide mystérieux, eussent pré-
cédé dans la tombe les courtilières, cela ne signifiait
95 pas que mon père se fût trompé...

▲ **La mère devrait-elle avoir confiance en ce que le
père va faire ? Pourquoi ou pourquoi pas ?**

Elle lui donna le manteau de spahi, qu'il jeta sur
son épaule, et qu'il **em**porta dans son *antre*, nommé   *den*
aussi bibliothèque. Je suivis dans l'escalier son pas ra-
pide d'amputé, ce *saut* de *corbeau* qui le *hissait* de   *hop/crow/hoisted*
100 *marche* en marche. Mais dans la bibliothèque il s'assit,   *step*
réclama brièvement que je misse à sa portée la *règle*   *slide rule*
à calcul, la *colle*, les grands ciseaux, le compas, les   *glue*
épingles, m'*envoya promener* et s'**en**ferma au *verrou*.   *sent away/lock*
— Qu'est-ce qu'il fait ? Va voir un peu ce qu'il
105 fait ! demandait ma mère.

▲ **À votre avis, que pourrait faire le père avec ces
instruments ?**

Mais nous n'en sûmes rien jusqu'au soir. Enfin, le
vigoureux appel de mon père *retentit* jusqu'en bas   *sounded*
et nous montâmes.
— Eh bien ! dit ma mère en entrant, tu as réussi ?
110 — Regarde !
Triomphant, il lui offrait sur le plat de la main —
dé**coupé en dents de *loup*,[5] *feuilleté* comme une ga-   *wolf/flaky, layered*
lette et pas plus grand qu'une rose — tout ce qui res-
tait du manteau de spahi : un ravissant essuie-plumes.[6]

Récapitulation

Lignes 1–73
1. Qu'est-ce que c'est qu'un manteau de spahi ?   2. Qu'est-ce que la
mère a fait pour bien protéger le manteau de spahi ?   3. Que découvre la
mère un jour quand elle déplie le manteau ?   4. Que pense le père de cette
découverte ? Que conseille-t-il à la mère de faire ?

---

[5] **découpé en dents de loup** : cut up in jagged pieces that resemble wolf's teeth.
[6] **essuie-plumes** : piece of fabric used to clean the tip of a fountain pen.

Lignes 74–114

5. La mère accepte-t-elle de suivre les conseils du père ?   6. Où va le père avec le manteau ?   7. Quels objets veut-il que sa fille (la narratrice) lui apporte ?   8. Que fait le père du manteau de spahi ?

Somme toute

1. Résumez l'histoire (oralement ou par écrit) en vous servant des **points à noter**.
2. Pourquoi la mère ne pouvait-elle ni remettre le manteau dans l'armoire ni s'en débarrasser *(get rid of it)* ?
3. Comparez l'attitude de la mère et du père envers le manteau de spahi mangé.
4. Que savons-nous du rapport entre la mère et le père ? Relevez des exemples du texte pour illustrer vos affirmations.

Extrapolation

1. À votre avis, qu'est-ce que le père a accompli en faisant un essuie-plume du manteau de spahi ?
2. À votre avis, pourquoi la mère fait-elle tant confiance au père ?
3. À votre avis, est-ce que la tendance de garder certains objets est la même chez les hommes et les femmes ? Est-ce que les attitudes du père et de la mère sont caractéristiques des hommes et des femmes en général ? Discutez.
4. Avez-vous un objet spécial que vous gardez ? D'où vient-il ? Pourquoi le gardez-vous ?
5. Écrivez une continuation de l'histoire où le père et la mère discutent ce que le père a fait du manteau de spahi.
6. Écrivez une anecdote qui raconte un souvenir de votre enfance ou de celle d'une autre personne, et dans laquelle vous montrez le va-et-vient de la vie de famille, le sens de l'humour de quelqu'un, et ainsi de suite.

Techniques de l'auteur

1. Quels procédés ou mécanismes Colette emploie-t-elle pour révéler le caractère du père et de la mère ?
2. Relevez les métaphores dans le texte, et discutez ce qu'elles ajoutent à l'histoire.

Ma Mère et le fruit défendu[1]

Pendant que vous lisez

A. Points à noter. Avant de lire, considérez les points suivants. Ils vous aideront à suivre le fil de l'histoire.

— l'âge approximatif de la mère
— ce qui lui est arrivé
— la raison pour laquelle elle cache ses blessures
— ce que font la narratrice et son frère pour protéger leur mère
— ce que fait la mère malgré la surveillance de ses enfants

B. Style et techniques. En lisant **Ma Mère et le fruit défendu,** remarquez les éléments suivants :

1. les énumérations et le vocabulaire dont se sert Colette pour faire ressortir le caractère de sa mère
2. comment Colette unit présent et passé dans sa narration pour faire un portrait complet de sa mère

C. Stratégies de lecture. Étudiez la stratégie suivante et, pendant que vous lisez **Ma Mère et le fruit défendu,** essayez de la mettre en pratique.

Comme il a été fait dans **Le Manteau de spahi,** certains préfixes et suffixes sont accentués dans **Ma Mère et le fruit défendu** (voir p. 2). Utilisez-les pour déterminer le sens des mots où ils se trouvent.

---

[1] **défendu** : forbidden

Vint un temps où ses forces l'abandonnèrent. Elle
en était dans un étonnement sans *bornes*, et n'y voulait   *limits*
pas croire.

▲ Qu'est-ce que la mère ne voulait pas accepter ?

Quand je venais de Paris la voir, elle avait toujours,
quand nous demeurions seules l'après-midi dans sa pe-
tite maison, quelque *péché* à m'*avouer*.   *sin/admit*

▲ À votre avis, quelles sortes de péchés pourrait-elle
   commettre ?

Une fois elle *retroussa* le bord de sa robe, baissa son *bas*   *pulled up/stocking*
sur son tibia, montrant une *meurtrissure* violette, la   *from* **meurtrir** : *to*
peau presque *fendue*.   *bruise/skin/split*
    — Regarde-moi ça !
    — Qu'est-ce que tu t'es encore fait, maman ?
Elle ouvrit de grands yeux, pleins d'innocence et
de confusion.
    — Tu ne le croirais pas : je suis tombée dans
l'escalier !
    — Comment, tombée ?
    — Mais justement, comme rien ! Je descendais
l'escalier et je suis tombée. C'est inexplicable.
    — Tu descendais trop vite ?...
    — Trop vite ? Qu'appelles-tu trop vite ? Je descen-
dais vite. Ai-je le temps de descendre un escalier à l'allure du Roi-Soleil ?[2] Et si c'était tout... Mais regarde !
    Sur son joli bras, si frais encore auprès de la main
fanée, une brûlure enflait sa *cloque* d'eau.   *withered/blister*

▲ Comment aurait-elle pu se brûler ?

    — Oh ! qu'est-ce que c'est encore ?
    — Ma *bouillotte* chaude.   *hot-water bottle*
    — La vieille bouill**oire** en *cuivre rouge* ? Celle qui   *copper*
tient cinq litres ?
    — Elle-même. À qui se fier ? Elle qui me connaît
depuis quarante ans ! Je ne sais pas ce qui lui a pris,[3] elle
bouillait à gros bouillons, j'ai voulu la retirer du feu,   *was boiling*
crac, quelque chose m'a tourné dans le *poignet*... En-   *wrist/"luckily for*
core heureux que je n'aie que cette cloque... Mais   *me"*
quelle histoire ! Aussi j'ai laissé l'armoire tranquille...

[2] **Roi-Soleil** : (Sun King) Louis XIV, so called because of his glorious reign (1643–1715) that
nevertheless drained France financially.

[3] **Je ne sais pas... pris** : I don't know what got into it (the hot-water bottle).

35   Elle rougit vivement et n'*acheva* pas.   *finished*

▲ **Pourquoi s'arrêterait-elle de parler ?**

— Quelle armoire ? demandai-je d'un ton sévère.
Ma mère *se débattit*, secouant la tête comme si je   *(here) avoided the*
voulais la mettre *en laisse*.   *question/on a*
                                                               leash
— Rien ! Aucune armoire !
40   — Maman ! Je vais me fâcher !

▲ **Pourquoi la narratrice se fâcherait-elle ?**

— Puisque je dis : « J'ai laissé l'armoire tran-
quille », fais-en autant pour moi. Elle n'a pas *bougé* de   *moved*
sa place, l'armoire, n'est-ce pas ? Fichez-moi tous la
paix,[4] donc !
45   L'armoire... un édifice de vieux *noyer*, presque   *walnut (tree)*
aussi *large* que haut, sans autre *ciselure* que la trace   *wide/from ciseler: to*
toute ronde d'une *balle* prussienne, entrée par le *bat-*   *carve/bullet/door*
tant de droite et sortie par le *panneau du fond*...   *back panel*
— Tu voudrais qu'on la mît ailleurs que sur le
50 *palier*, maman ?   *landing*
Elle eut un regard de jeune chatte, faux et brillant,
dans sa figure *ridée* :   *wrinkled*
— Moi ? je la trouve bien là : qu'elle y reste !
Nous *convînmes* quand même, mon frère le mé-   *agreed*
55 decin et moi, qu'il fallait *se méfier*.   *be suspicious*

▲ **De quoi se méfieraient-ils ?**

Il voyait ma mère, chaque jour, puisqu'elle l'avait suivi
et habitait le même village, il la soignait avec une pas-
sion dissimulée. Elle *luttait* contre tous ses *maux* avec   *struggled/ailments*
une élasticité surprenante, les oubliait, les *déjouait*,   *(pl. of* mal*)/*
60 remportait sur eux des victoires *passagères* et écla-   *thwarted/short-*
tantes, rappelait à elle, pour des jours entiers, ses forces   *lived*
évanouies, et le bruit de ses combats, quand je passais   *vanished*
quelques jours chez elle, s'entendait dans toute la pe-
tite maison, où je *songeais* alors au *fox réduisant* le   *thought/fox terrier/*
65 rat...   *subduing*

▲ **Pourquoi la narratrice comparerait-elle sa mère à un**
   fox ?

À cinq heures du matin, en face de ma chambre, le
son de *cloche* du *seau* plein posé sur l'*évier* de la cui-   *bell/bucket/sink*
sine m'*éveillait*...   *woke*

---

[4] **Fichez-moi... paix** : Everybody leave me alone.

— Que fais-tu avec le seau, maman ? Tu ne peux
pas attendre que Joséphine arrive ?

Et j'*accourais*. Mais le feu *flambait* déjà, nourri de *ran up/was burning*
fagot sec. Le lait bouillait, sur le *fourneau à braise* pavé *kindling/coal stove*
de *faïence* bleue. D'autre part *fondait*, dans un doigt *crockery/was melting*
d'eau, une tablette de chocolat, pour mon déjeuner.
Carrée dans son fauteuil de *paille*, ma mère *moulait* le *"settled in"/straw/*
café *embaumé*, qu'elle *torréfiait* elle-même. Les heures *was grinding/*
du matin lui furent toujours *clémentes* ; elle portait sur *fragrant/roasted/*
ses joues leurs couleurs *vermeilles*. *Fardée* d'un bref *mild/rosy/*
re*gain de santé, face au soleil levant, elle se réjouissait, *"embellished"*
tandis que *tintait* à l'église la première *messe*, d'avoir *was ringing/mass*
déjà goûté, pendant que nous dormions, à tant de fruits
défendus.

▲ Quels seraient ces « fruits défendus » ?

Les fruits défendus, c'étaient le seau trop lourd
tiré du *puits*, le fagot *débité* à la *serpette* sur une *bille* *well/cut up/sickle/*
de *chêne*, la *bêche*, la *pioche*, et surtout l'*échelle* dou- *log/oak/spade/*
ble, *accotée* à la *lucarne* du *bûcher*. C'étaient la *treille* *pick/ladder/small*
grimpante dont elle *rattachait* les *sarments* à la lucarne *window/*
du *grenier*, les *hampes* fleuries du lilas trop haut, la *woodshed/trailing*
chatte prise de *vertige* et qu'il fallait cueillir sur le *faîte* *vine/branches/*
du *toit*... Tous les complices de sa vie de petite femme *attic/stems/*
rondelette et vigoureuse, toutes les rustique divinités *dizziness/top/*
subalternes qui lui obéissaient et la rendaient si glo- *roof/plump*
rieuse de *se passer de* servit**e**urs, prenaient maintenant *subordinate*
figure et position d'adversaires. Mais ils comptaient *do without*
sans le plaisir de lutter, qui ne devait quitter ma mère
qu'avec la vie. À soixante et onze ans, l'*aube* la vit *dawn*
encore triomphante, non sans dommage.

▲ Dans quel sens la mère est-elle triomphante ?

Brûlée au feu, coupée à la serpette, *trempée* de neige *soaked*
fondue ou d'eau renversée, elle trouvait le moyen
d'avoir déjà vécu son meilleur temps d'indépendance
avant que les plus matineux aient poussé leurs *per-* *venetian blinds*
siennes, et pouvait nous conter l'éveil des chats, le
travail des *nids*, les nouvelles que lui laissaient, avec la *nests*
mesure de lait et le rouleau de pain chaud, la laiti**è**re et
la port**e**use de pain, la chronique enfin de la naissance
du jour.

▲ Quelle est cette chronique de la naissance du jour ?

C'est seulement une fois que je vis, un matin, la
cuisine froide, la casserole d'émail bleue pendue au

mur, que je sentis proche la fin de ma mère. Son mal
110 connut *maintes* rémissions, pendant lesquelles la   *many*
flamme à nouveau *jaillit* de l'*âtre*, et l'odeur de pain   *shot up/hearth*
frais et de chocolat fondu passa sous la porte avec la
patte impatiente de la chatte. Ces rémissions furent le   *paw*
temps d'alertes inattendues. On trouva ma mère et la
115 grosse armoire de noyer *chues* toutes deux en bas de   *fallen*
l'escalier, celle-là ayant *prétendu* transférer celle-ci, en   *claimed*
secret, de *l'unique* étage au rez-de-chaussée. Sur quoi   *the only*
mon frère aîné exigea que ma mère *se tînt en repos* et   *rested*
qu'une vieille domestique couchât dans la petite
120 maison.

▲ **À votre avis, que pensera la mère de cette idée?**
Pourquoi?

Mais que pouvait une vieille servante contre une force
de vie jeune et malicieuse, telle qu'elle *parvenait* à sé-   *managed*
duire et **entraîner** un corps déjà à demi **enchaîné** par la
mort? Mon frère **revenant** avant le soleil d'assister
125 un malade dans la campagne, surprit un jour ma mère
en flagrant délit de la pire perversité.   *in the act, "red-*
    handed"

▲ **Quelle pourrait être cette « pire perversité »?**

Vêtue pour la nuit, mais chaussée de gros *sabots* de   *dressed/wooden*
jardin**ier,** sa petite *natte* grise de septuagénaire re-   *shoes/braid*
troussée en *queue* de scorpion sur sa *nuque*, un pied   *tail/nape*
130 sur l'X de *hêtre*, le dos *bombé* dans l'attitude du   *beech tree/rounded*
tâcheron exercé, **ra**jeunie par un air de *délectation* et   *worker/delight*
de culpabilité indicibles, ma mère, au mépris de tous
ses *serments* et de l'*aiguail* glacé, *sciait* des *bûches*   *promises/dew/was*
dans sa cour.   *sawing/logs*

Récapitulation

Lignes 1–53
1. Comment la mère s'est-elle fait une meurtrissure à la jambe?
2. Comment s'est-elle brûlée?   3. Qu'est-ce qu'elle ne veut pas discuter
avec la narratrice?

Lignes 54–106
4. Sur quoi la narratrice et son frère sont-ils d'accord en ce qui concerne
leur mère?   5. Comment la mère réagit-elle contre les maux qui
l'affligent?   6. Qu'est-ce que la mère faisait un matin quand la narratrice l'a trouvée dans la cuisine?   7. Quel âge la mère a-t-elle?

Lignes 107 – 134
8. Que faisait la mère pendant sa convalescence ?   9. Pourquoi le frère de la narratrice a-t-il engagé une domestique pour leur mère ? 10. Qu'est-ce que le frèrc a vu une nuit quand il est allé voir sa mère ?

Somme toute

1. Résumez l'histoire (oralement ou par écrit) en vous servant des **points à noter.**
2. Qu'est-ce qui montre que la mère est une personne âgée ? Relevez des remarques faites par la narratrice.
3. Quels différents sentiments la narratrice éprouve-t-elle envers sa mère ? Relevez des exemples du texte pour illustrer vos idées.
4. Pourquoi défend-on à la mère de faire certains travaux physiques ?
5. À quoi la narratrice compare-t-elle les maux de sa mère et sa réaction ?
6. Pourquoi la mère ressent-elle de la délectation en même temps que de la culpabilité en sciant des bûches (l. 131 – 134) ?

Extrapolation

1. La narratrice parle de l'indépendance de sa mère (l. 99 – 100). À votre avis, pourquoi l'indépendance serait-elle importante pour la mère ? Et vous, qu'entendez-vous par « indépendance » ? Quelle est son importance dans votre vie ?
2. On dit que les parents et les enfants changent de rôles à mesure qu'ils vieillissent. Êtes-vous d'accord ? Comment cette idée s'applique-t-elle à cette histoire ?
3. Selon La Rochefoucauld, « En vieillissant, on devient plus fou et plus sage ». Expliquez cette affirmation.
4. Quelle importance notre société attribue-t-elle à l'âge ? Que savez-vous des attitudes des gens dans d'autres cultures envers les personnes âgées ? Écrivez une composition dans laquelle vous exprimez vos idées.
5. Y a-t-il des petits « fruits défendus » dans votre vie auxquels vous voulez « goûter » justement parce qu'ils sont défendus ? Lesquels ?

Techniques de l'auteur

1. Cherchez des exemples dans les dialogues et dans la narration qui montrent comment Colette puise *(draws)* dans le passé et le présent pour

révéler les excentricités de sa mère. Comment y arrive-t-elle sans se moquer d'elle?

2. Quel vocabulaire Colette utilise-t-elle pour montrer les attitudes de sa mère envers sa vie? Relevez des exemples qui montrent la richesse et la variété de ce vocabulaire.

3. Relisez le premier paragraphe. Qu'y a-t-il dans ce paragraphe qui vous incite à continuer à lire?

Victor Hugo

Notes sur l'auteur

Né à Besançon en 1802, fils d'un général de l'Empire, **Victor Hugo** est le cadet de trois garçons. Il voyage beaucoup avec son père, mais la vie agitée des camps militaires ne convient pas aux enfants, et la mère se retire avec eux dans une demeure paisible à Paris. Il révèle de très bonne heure ses talents poétiques et publie son premier recueil en 1822. Il continue à écrire pendant les années qui suivent, mais ce sont surtout les années 1830 – 40 qui confirment son talent. Il publie un roman historique, quatre recueils de poésie lyrique, et plusieurs drames.

Il épouse entre-temps une amie d'enfance, Mlle Foucher, dont il a deux garçons et deux filles. En 1843, il marie sa fille Léopoldine, mais celle-ci se noie *(drowns)* avec son mari cette même année dans un accident de bateau sur la Seine près du Havre. Son désespoir profond s'aggrave avec l'échec *(failure)* de son drame **Les Burgraves** (1843). C'est alors qu'il se consacre à la politique et doit se réfugier bientôt dans les îles de Jersey et de Guernesey où il reste jusqu'en 1870. Il continue à écrire pour expliquer l'histoire de l'humanité. Il meurt à Paris en 1885.

Toute sa poésie reflète ses émotions, ses peines, ses joies et ses inquiétudes. Dans le poème qui suit, **Elle avait pris ce pli,** Victor Hugo
réunit ses souvenirs des jours de joie et de deuil *(mourning)* après la
perte de Léopoldine, sa fille bien-aimée.

Elle avait pris ce pli[1]

Pendant que vous lisez

A. Points à noter. Avant de lire, considérez les points suivants. Ils vous
aideront à suivre le fil du poème.

— les habitudes de la jeune personne
— ce qu'elle fait dans la chambre du poète
— comment le poète accepte ce qu'elle fait
— ce qui fait plaisir au poète
— les observations du poète quand il la voit plus grande
— comment l'état mental de la jeune personne affecte le poète
— ce qui est arrivé à la jeune personne

B. Style et techniques. En lisant **Elle avait pris ce pli,** remarquez les éléments suivants :

1. le style simple et narratif du poème ; sa qualité lyrique créée par
   l'expression des souvenirs, des émotions et des sentiments personnels
2. comment Hugo utilise l'énumération pour recréer une image de la
   jeune personne

C. Stratégies de lecture. Étudiez la stratégie suivante et, pendant que vous
lisez **Elle avait pris ce pli,** essayez de la mettre en pratique.

   L'enjambement est une technique poétique où l'idée d'un vers
continue dans le vers suivant. Par conséquent, pour avoir une idée entière, il ne faut pas toujours s'arrêter à la fin d'un vers. Remarquez les
enjambements dans les vers ci-dessous :

...
J'y rencontre parfois sur la roche hideuse
un doux être ; quinze ans, yeux bleus, pieds nus, gardeuse
de chèvres, habitant, au fond d'un ravin noir,
   ...

   (Hugo, Pasteurs et troupeaux)

[1] **pris ce pli** : acquired this habit

...
La Nature est un temple où **de vivants piliers**
Laissent parfois sortir de confuses paroles ;
...

(Baudelaire, *Correspondances*)

Il a mis le café
Dans la tasse
...

(Prévert, *Déjeuner du matin*)

Les enjambements sont accentués dans **Elle avait pris ce pli.**

Elle avait pris ce pli dans son âge enfantin
De venir dans ma chambre un peu chaque matin.
Je l'attendais *ainsi qu'*un *rayon* qu'on espère ;   like/ray
Elle entrait, et disait : Bonjour, mon petit père !

▲ Qui est cette jeune personne ?

5 Prenait ma plume, ouvrait mes livres, **s'asseyait**
Sur mon lit, *dérangeait* mes papiers, et riait,   *disturbed*
Puis soudain s'en allait comme un oiseau qui passe.
Alors, **je** *reprenais*, la tête un peu moins *lasse*,   *resumed/weary*
Mon œuvre *interrompue*, et, tout en écrivant,   *interrupted*
10 *Parmi* mes manuscrits **je rencontrais souvent**   *among*
Quelque *arabesque* folle et qu'elle avait tracée,   *drawing*
Et *mainte* page blanche entre ses mains *froissée*,   *many a/crumpled*
Où, je ne sais comment, venaient mes plus
      doux *vers*.   *verses*

▲ À votre avis, quel âge a cette jeune personne ?

Elle aimait Dieu, les fleurs, les astres, les *prés* verts,   *meadows*
15 Et c'était un esprit avant d'être une femme.
Son regard reflétait la *clarté* de son *âme*.   *brightness/soul*
Elle me consultait sur tout à tous moments.
Oh ! **que de soirs d'hiver radieux et charmants,**
Passés à raisonner langue, histoire et grammaire,   *spent/discussing in*
20 Mes quatre enfants groupés sur mes genoux, **leur**   *depth*
      mère
Tout près, quelques amis *causant* au coin du feu !   *chatting*
J'appelais cette vie être content de peu !

▲ De quelle sorte de vie le poète se contente-t-il ?

Et dire qu'elle est morte ! Hélas ! *que Dieu m'assiste !*   *God help me*
Je n'étais jamais gai quand je la sentais triste ;
25 J'étais *morne* au milieu du bal le plus joyeux   *gloomy*
Si j'avais, en partant, **vu quelque** *ombre* **en ses yeux.**   *shadow*

▲ Comment le père se sent-il ? Pourquoi ?

Novembre 1846, jour des Morts[2]

Récapitulation

Vers 1–26
1. Quelle habitude la fille du poète avait-elle quand elle était petite ?
2. Que venait-elle faire dans la chambre de son père ?   3. Comment le
père réagissait-il aux bêtises que faisait sa fille ?   4. Comment le poète la
décrit-il quand elle est un peu plus grande ?   5. Qu'est-ce qui rendait le
père heureux ?   6. De quoi parlaient-ils en famille ?   7. Qu'est-ce qui
rendait le père triste ?

---

[2] **jour des Morts** : November 2, day of remembrance of the dead

Somme toute

1. Résumez le poème (oralement ou par écrit) en vous servant des **points à noter.**
2. Que veut dire Hugo quand il dit qu'il rencontre « quelque arabesque folle » (v. 11) dans ses manuscrits ?
3. Que savez-vous des sentiments que Léopoldine ressent envers son père ?
4. Quand et pourquoi Hugo a-t-il écrit ce poème ?

Extrapolation

1. À votre avis, que veut dire Hugo dans les vers :

   « Et c'était un esprit avant d'être une femme.
   Son regard reflétait la clarté de son âme. » (v. 15 – 16) ?

   Discutez.
2. Qu'est-ce que ce poème révèle du rapport entre Hugo et sa fille ?
3. Hugo avait besoin de très peu dans la vie pour être content. Et vous, qu'est-ce qui vous rend content(e) ? Écrivez (sous forme de poème si vous voulez).

Techniques de l'auteur

1. Relevez les expressions qui montrent le lyrisme personnel de Hugo.
2. Ce poème donne une vue générale de la vie de Léopoldine, la fille de Victor Hugo. Comment Hugo touche-t-il aux différentes phases de la vie de sa fille ? Quel vocabulaire emploie-t-il pour montrer chaque fois une fille un peu plus grande ?
3. En décrivant Léopoldine, Hugo emploie un vocabulaire qui exprime de la vivacité et de la fraîcheur. Relevez des exemples et discutez comment et pourquoi ils révèlent cette vivacité et cette fraîcheur. (Remarquez en particulier les verbes.)
4. Récrivez le poème sous forme de paragraphe. Changez la syntaxe là où il le faut, et utilisez d'autres mots ou expressions synonymes, pour que votre paragraphe soit de la prose. Si vous voulez, commencez votre paragraphe à partir de l'exemple ci-dessous :

   Quand elle était petite, elle venait me voir dans ma chambre tous les matins...

   Une fois que vous aurez fini, lisez le poème de Hugo puis votre paragraphe à haute voix et comparez le ton, le rythme, la force des émotions, la beauté des images, et ainsi de suite. Comment diffèrent-ils dans ces éléments ?

Jacques Prévert

Notes sur l'auteur

Jacques-Henri-Marie Prévert est né en 1900 à Neuilly-sur-Seine près de Paris. En 1915, il quitte l'école et commence à gagner sa vie en faisant des métiers divers. Il fait son service militaire en 1920 en France et en Turquie et, une fois qu'il a fini, il rentre et fréquente les écrivains surréalistes. Il se marie en 1925.

Ses premiers textes apparaissent en 1930 dans différentes revues. Il travaille alors avec la troupe théâtrale du « Groupe Octobre ». Il écrit des pièces et participe lui-même à l'interprétation. De 1937 à 1946, il écrit de nombreux scénarios pour films et des chansons tout en continuant à écrire des poèmes et à faire des collages. En 1946, Prévert publie son premier recueil de poèmes dont le succès est immédiat. En 1955, il s'installe définitivement à Paris avec sa femme et sa fille. Les années qui suivent témoignent de multiples expositions de ses collages et de nombreuses éditions et rééditions de ses poèmes. Il meurt à Paris en 1977.

Dans sa poésie, Prévert parle de sujets familiers et les exprime d'une manière simple et directe. Il parle de ce qu'il aime et de ce qu'il n'aime pas. Il aime avant tout ce qui est naturel, simple et beau ; il déplore tout ce qui est un obstacle à la vie, à la liberté et au bonheur. Comme l'exemplifie **Pour faire le portrait d'un oiseau,** Prévert utilise des thèmes familiers mais sérieux exprimés dans un langage parlé tout en donnant à sa poésie une véritable originalité.

Pour faire le portrait d'un oiseau

Pendant que vous lisez

A. Points à noter. Avant de lire, considérez les points suivants. Ils vous aideront à suivre le fil du poème.

— les premières choses qu'il faut faire pour faire le portrait d'un oiseau
— où il faut continuer ce travail
— comment l'artiste doit peindre *(paint)* la cage et ce qu'il doit faire ensuite
— ce que l'artiste doit faire après l'arrivée de l'oiseau
— les éléments nécessaires pour finir l'œuvre
— l'indication du chant de l'oiseau

B. Style et techniques. En lisant **Pour faire le portrait d'un oiseau,** remarquez les éléments suivants :

1. comment Prévert arrive à une théorie de l'art à partir d'un paradoxe fantaisiste
2. comment Prévert montre que les mots sur du papier pas plus que les peintures *(paints)* sur une toile *(canvas)* ne peuvent remplacer la réalité

C. Stratégies de lecture. Étudiez la stratégie suivante et, pendant que vous lisez **Pour faire le portrait d'un oiseau,** essayez de la mettre en pratique.

Souvent dans la poésie moderne, les poètes n'utilisent pas de ponctuation. Cependant, pour bien lire et comprendre un tel poème il faut savoir où faire des pauses et où ne pas en faire. Regardez l'exemple suivant, où les pauses de longueurs différentes sont indiquées par un ou deux signes (▲) :

Sur une assiette bien ronde en porcelaine réelle
une pomme pose ▲▲
Face à face avec elle ▲
un peintre de la réalité
essaie vainement de peindre

la pomme telle qu'elle est ▲▲
mais ▲
elle ne se laisse pas faire
la pomme ▲▲
elle a son mot à dire ▲▲
...
(Prévert, **Promenade de Picasso**)

Les pauses sont indiquées de cette façon dans **Pour faire le portrait d'un oiseau.** Elles vous aideront à mieux comprendre le poème.

À Elsa Henriquez

Peindre d'abord une cage
avec une porte ouverte ▲▲
peindre ensuite
quelque chose de joli ▲
₅ quelque chose de simple ▲
quelque chose de beau ▲
quelque chose d'utile
pour l'oiseau ▲▲

▲ **Pourquoi la peinture** *(painting)* **d'une cage serait-
elle nécessaire ?**

placer ensuite la toile *contre* un arbre   *against*
dans un jardin ▲
dans un *bois* ▲   *woods*
ou dans une forêt ▲▲
se cacher derrière l'arbre   *hide*
sans rien dire ▲
sans *bouger* ▲▲   *moving*

▲ **Pourquoi faudrait-il se cacher ?**

Parfois l'oiseau arrive vite ▲   *sometimes*
mais il peut aussi bien *mettre* de longues années   *(here) take*
avant de se décider ▲▲

Ne pas *se décourager* ▲▲   *get discouraged*
20 attendre ▲▲
attendre s'il le faut pendant des années ▲
la *vitesse* ou la *lenteur* de l'arrivée de l'oiseau   *speed/slowness*
n'ayant aucun rapport
avec la réussite du *tableau* ▲▲   *painting*
25 Quand l'oiseau arrive ▲
s'il arrive ▲
observer le plus profond silence ▲▲
attendre que l'oiseau entre dans la cage ▲
et quand il est entré ▲
30 fermer doucement la porte avec le *pinceau* ▲   *paintbrush*
puis *effacer* un à un tous les *barreaux*   *erase/bars*
en ayant soin de ne toucher aucune des *plumes*   *feathers*
     de l'oiseau ▲▲

▲ **Pourquoi l'artiste effacerait-il les barreaux ?**

Faire ensuite le portrait de l'arbre
en choisissant la plus belle de ses branches
35 pour l'oiseau ▲▲
peindre aussi le vert *feuillage* et la fraîcheur du   *foliage*
     vent ▲
la *poussière* du soleil ▲   *dust*
et le bruit des bêtes de l'*herbe* dans la chaleur   *grass*
     de l'été ▲
et puis attendre que l'oiseau se décide à
     chanter ▲▲

▲ **Pourquoi serait-il important que l'oiseau chante ?**

40 Si l'oiseau ne chante pas ▲
c'est mauvais signe ▲
signe que le tableau est mauvais ▲▲
mais s'il chante c'est bon signe ▲
signe que vous pouvez signer ▲▲
45 Alors vous *arrachez* tout doucement   *pluck*
une des plumes de l'oiseau ▲
et vous écrivez votre nom dans un coin du tableau.

Récapitulation

Vers 1–24
1. Quelles sont les premières choses qu'il faut peindre ?   2. Où faut-il
mettre la toile ?   3. Que faut-il que l'artiste fasse ensuite ?   4. Pourquoi faut-il attendre ?

Vers 25 – 47

5. Que doit faire l'artiste quand l'oiseau arrive ?   6. Qu'est-ce que l'artiste doit faire une fois que l'oiseau est dans la cage ?   7. Que doit-il ajouter au tablcau ?   8. Comment l'oiseau indique-t-il la qualité du tableau ?   9. Comment l'artiste signe-t-il le tableau ?

Somme toute

1. Résumez le poème (oralement ou par écrit) en vous servant des **points à noter.**
2. Dans la création du tableau, qu'est-ce qui est ou n'est pas sous le contrôle de l'artiste ?
3. Quel est le jeu de mots avec le mot « signe » ?
4. Somme toute, comment ce poème est-il un mélange du réel et de l'irréel ? Relevez-en des exemples.

Extrapolation

1. Qu'est-ce qui serait joli, simple, beau et utile pour un oiseau ? Expliquez.
2. En effaçant les barreaux de la cage, pourquoi ne faut-il pas toucher aux plumes de l'oiseau (v. 31 – 32) ?
3. À votre avis, l'art peut-il être le miroir de la réalité ? Pourquoi ou pourquoi pas ?
4. Ce poème est beau dans sa simplicité. Il montre qu'il est possible d'utiliser un langage et des choses simples pour faire de la poésie. En vous inspirant du poème de Prévert, décrivez un procédé *(process)* simple et ordinaire sous forme de poème. (Suggestions : préparer un sandwich au jambon, laver une voiture, planter un jardin, et ainsi de suite.)

Techniques de l'auteur

1. **Pour faire le portrait d'un oiseau** est plein de paradoxes. Faites-en une liste et expliquez-les. Essayez d'établir une théorie de l'art de Prévert à partir de ces paradoxes.
2. Remarquez que la plupart des verbes sont des infinitifs. Cet usage de l'infinitif imite le style utilisé dans les recettes *(recipes).* Quel effet Prévert aurait-il voulu produire ?
3. Quelle relation y a-t-il pour Prévert entre l'art de la peinture et l'art de la poésie ?
4. Le vocabulaire que Prévert emploie est un vocabulaire fondamentale-

ment simple et concret. Cependant, quelles sensations les mots créent-ils ? Comment Prévert arrive-t-il à séparer les mots des sensations que ces mots doivent présenter ?

5. En comparant ce poème à **Elle avait pris ce pli** de Victor Hugo (pp. 17 – 18), comment ces poèmes diffèrent-ils du point de vue de la forme, de la syntaxe, du ton, et ainsi de suite ?

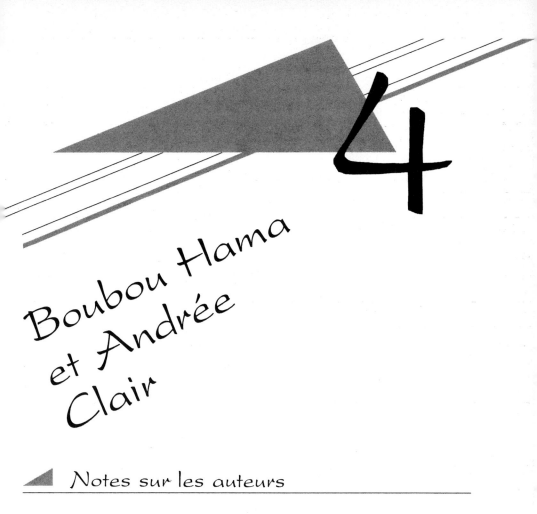

Boubou Hama et Andrée Clair

▲ Notes sur les auteurs

Boubou Hama est né en 1906 à Fonéko au Niger. Diplômé de l'École Normale William Ponty, il tient aussi le diplôme supérieur d'aptitude pédagogique. Il est le premier instituteur et directeur du Centre français du Niger. Il poursuit également une longue carrière politique qui s'étend de conseiller territorial à président de l'Assemblée Nationale du Niger.

Sage africain, chercheur, homme politique, instituteur et directeur, Hama est aussi un remarquable écrivain. Ses activités littéraires et scientifiques lui rapportent le Grand Prix de l'Afrique Noire et le Prix Léopold Sédar Senghor. Dans ses écrits, il veut avant tout donner au monde une vue authentique de son pays natal. Beaucoup de ses livres sont le produit des discussions tenues sur sa terrasse où il reçoit des « griots » *(African poet-magician-sorcerers)* et des conteurs aussi bien que des journalistes, des savants, des économistes et des hommes politiques du monde entier. C'est là qu'Andrée Clair passe beaucoup de ses soirées.

Née en France où elle réside à présent, **Andrée Clair** arrive en Afrique en 1945 et y passe une grande partie de sa vie. Institutrice, professeur, sociologue, chargé de mission puis conseiller culturel au cabinet du président de la République du Niger, elle est aussi l'auteur de plus d'une cinquantaine de livres dont la plupart sont sur l'Afrique. Son rêve c'est de présenter la vraie Afrique qu'elle connaît et qu'elle aime. Elle est d'ailleurs la première à écrire pour les jeunes sur l'Afrique. Elle obtient le Prix Jeunesse en 1952.

C'est à Paris en 1948 que naît l'amitié d'Andrée Clair et Boubou Hama. Quand ils se retrouvent au Niger en 1961, ils écrivent plusieurs livres ensemble et cultivent cette amitié et collaboration étroites, pendant plus de trente-quatre ans, jusqu'à la mort de Hama en 1982.

Le Nombre sept, le nombre de la chance et **Toula, le serpent d'eau de la mare de Bilo** donnent au lecteur une partie de cette connaissance intime de l'Afrique tant voulue par les auteurs.

Le Nombre sept, le nombre de la chance

Pendant que vous lisez

A. **Points à noter.** Avant de lire, considérez les points suivants. Ils vous aideront à suivre le fil de l'histoire.

— l'âge d'Albarka
— la signification de cet âge
— ce que vont préparer le père et la mère d'Albarka
— les chiffres qui forment l'âge du garçon
— les ingrédients nécessaires
— ce que doit faire Albarka avec le « canari »
— les réactions d'Albarka vis-à-vis de l'événement *(event)*

B. **Style et techniques.** En lisant **Le Nombre sept, le nombre de la chance,** remarquez :

comment Hama et Clair font ressortir *(stand out)* la beauté d'une culture quasi-primitive par la simplicité du thème, du langage et de la phrase

C. **Stratégies de lecture.** Étudiez la stratégie suivante et, pendant que vous lisez **Le Nombre sept, le nombre de la chance,** essayez de la mettre en pratique.

Pendant que vous lisez, il est important de noter les adverbes et les conjonctions qui indiquent les tournures d'une phrase. Par exemple,

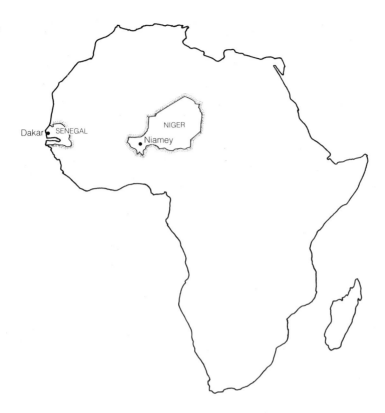

mais, **cependant** et **pourtant** marquent une transition dans la pensée ; puis, **ensuite** et **quand** indiquent une continuation dans la pensée.

Certains adverbes et conjonctions sont accentués dans **Le Nombre sept, le nombre de la chance.** Quand vous lisez, faites attention à ce genre de mots car ils vous aideront à anticiper ce qui va suivre.

Enfin, un jour, j'eus sept ans.

Je me sentais à la fois impatient, heureux et *inquiet.*   *worried*

Je savais vaguement que mon père et ma mère
5 allaient s'occuper de moi, m'expliquer des choses, que
j'allais passer dans le monde des hommes.

Comment?

Mes parents m'attendaient, assis, dans notre
grande *case,* sur une *natte* blanche.   *hut/mat*

▲ **Comment le jeune garçon se sent-il le jour de ses
sept ans? Pourquoi?**

10   À côté de maman, je voyais un morceau de *sel*   *rock salt*
gemme, une calebasse[1] contenant du beurre frais, une
autre contenant de la *farine* de mil. Cette farine n'était   *flour*
pas *pilée* comme celle de chaque jour, **mais** *broyée* sur   *ground/crushed*
une *meule,* comme cela se faisait à l'*aube* des temps,   *millstone/dawn*
15 quand on ne connaissait ni le *mortier* ni le *pilon.*   *mortar/pestle*

Ma mère se tourna vers son mari :

— J'ai rassemblé tout cela, **car** aujourd'hui Albarka a
sept ans. Il a *atteint* le nombre. Il réunit les nombres   *reached*
trois et quatre.

▲ **Quelle pourrait être la signification des nombres
trois et quatre?**

20   — Alors, répondit mon père, il va devenir un
homme, il va vivre la vie des hommes.

— Oui, *soupira* ma mère.   *sighed*

C'était la coutume, et c'était bien. **Mais** ma mère
s'attristait quand même : j'allais la quitter, elle ne   *was becoming sad*
25 pourrait plus me protéger à chaque instant, elle ne se-
rait plus le refuge vers lequel je me précipitais. **Main-
tenant,** je devais savòir *me tirer d'affaire,* en toutes   *get out of trouble*
circonstances, tout seul.

Mon père sourit à sa femme :

30   — Ne *crains* rien. Je lui apprendrai les dangers de   *fear*
la *brousse* et les moyens de s'en défendre.   *bush, brush*

▲ **À quelles sortes de dangers le père pourrait-il penser?**

Ma mère soupira à nouveau, en montrant les pro-
visions. Elle était *émue.* Elle murmura :   *moved*

— Fais-lui le « canari ».

---

[1] **calebasse** : dried gourd used as a container

35 L'émotion de ma mère m'avait gagné. L'étonne- *swept away*
ment la *balaya*.
Le canari ?
Le canari est une *poterie* ronde dans laquelle les *pot*
femmes vont *puiser* de l'eau et *cuisent* les aliments. *draw/cook*
40 Me faire un « canari » ?
J'ouvris de grands yeux.

▲ **Pourquoi Albarka est-il étonné quand il entend le**
mot « canari » ?

Ma mère *s'était ressaisie*. Elle m'expliqua : *had gotten hold of*
— Notre case te *protège* contre le froid et la cha- *herself/protects*
leur, contre la pluie et le vent, contre tous les dangers
45 que tu vois. Le « canari » te protègera contre toutes les
menaces invisibles.
Mon père continua :
— Je vais te faire le « canari » et tu seras défendu
contre le mauvais œil, les *mauvais génies*, les sorciers *demons*
50 de toutes sortes. Ceux qui volent dans l'air, debout ou
allongés, au milieu d'une lumière éblouissante ou bien
totalement invisibles. Contre les petits *lutins* de la *elves*
brousse, contre les dieux qui peuvent se trouver partout à la fois.
55 L'énumération de mon père continua...
À l'entendre, je *frémissais*. *trembled*
Heureusement que lui et ma mère savaient les
incantations et les rites, qui, en ce jour si important,
allaient me préserver pour toujours. Et bien faire
60 enrager tous ces *êtres* si *méchants* ! *beings/mean*
Mais pour le moment, je ne pouvais pas encore
réprimer ma peur. *hold back*

▲ **Pourquoi Albarka aurait-il peur ?**

Mon père sourit avec bonté :
— Ne crains rien, tu seras protégé.
65 Oui, bien sûr, j'avais confiance en mon père.
Mais tous ces mauvais *diables*... **Puisque** bientôt ils ne *devils*
pourraient plus rien faire, ils devaient *grouiller* dans la *swarm*
case pour essayer d'exercer une dernière fois leur méchanceté !
70 **Bien que** je les sache invisibles, je jetais des regards peu rassurés autour de moi.
J'avais hâte d'être protégé. *was anxious*

▲ **Pourquoi Albarka a-t-il hâte d'être protégé ?**

Mon père agissait posément.

75 Il prit un petit canari qui n'avait jamais servi, le remplit d'eau claire, le posa sur les trois *pierres* du *foyer* entre lesquelles le feu était *allumé.*

Mon père *se pencha* sur le canari et prononça les *paroles.* Les paroles magiques !

80 **Quand** l'eau se mit à *bouillir,* il prit, dans une *corne* d'antilope, trois *pincées* d'une poudre rouge qu'il jeta dans l'eau bouillonnante. **Puis** trois pincées d'une poudre jaune extraite d'une boîte et trois pincées d'une poudre noire puisée dans un petit sac de cuir.

J'étais intrigué.

85 Mon père m'expliqua :

— Le nombre sept est le résultat des nombres trois et quatre. Trois, c'est le nombre de l'homme. J'ai pris trois fois trois pincées de poudre pour que tu deviennes un homme.

90 Ma mère *remplaça* mon père près du canari et y *versa* la farine de mil. **Ensuite** elle y jeta quatre pincées de quatre poudres de quatre couleurs différentes : blanche, noire, rouge, jaune.

Puis elle parla :

95 — Quatre, c'est le nombre de la femme. Pour refaire le nombre sept, il faut un homme : trois, et une femme : quatre.

— Le nombre sept est le nombre de la vie, dit mon père. Tu es né de l'union d'un homme et d'une femme,

100 de l'union du trois et du quatre. Tu es le nombre sept. C'est le nombre d'Adam et Ève. C'est le nombre sacré de la chance.

▲ Que font les parents d'Albarka et que lui expliquent-ils ?

Je me sentais devenir important, **mais** je n'étais pas complètement rassuré.

105 **Pourtant,** à côté de ces secrets qu'on me *dévoilait,* il y avait des gestes ordinaires, habituels : la farine de mil s'était, comme chaque jour, transformée en *pâte.* Ma mère la *brassait* avec un bâton. Elle la laissa cuire encore un peu, enleva le canari du feu et le posa à

110 terre. **Quand** la pâte fut refroidie, elle la *transvasa* dans une petite calebasse neuve.

Alors elle dit :

— Père d'Albarka, le « canari » est terminé.

▲ Que pourrait-on faire avec ce « canari » ?

Glossary (right margin):

stones
hearth/lit
bent
words
boil
horn/pinches

replaced
poured

was revealing

dough
stirred

transferred

Elle se tourna vers moi :

115 — Aujourd'hui, le jour de tes sept ans, le « canari », c'est la pâte qui a été faite spécialement pour toi. Par tout ce que nous y avons mis, elle est *remplie* d'une *full* grande force qui va passer en toi. Tout le mal qui court la brousse et que tu ne vois pas ne pourra t'*atteindre*. *"get"*

120 Mon père prit la petite calebasse. Je crus qu'il allait me la *tendre*. **Non**, il enleva un peu de pâte et la *give* *pétrit* en trois petites *boulettes* qu'il reposa sur le reste. *kneaded/small balls*

Trois boulettes, parce que j'étais un garçon. Pour une fille, il en aurait pétri quatre.

125 Il me tendit le tout :

— Albarka, assieds-toi sur cette pierre, dans le coin de la case et mets la calebasse devant toi.

J'obéis.

— Bon ! Ferme les yeux, prends les boulettes une
130 par une de ta main droite et *avale*-les sans les *mâcher*. *swallow/chewing* Le reste du mil, tu le mangeras comme celui de tous les jours.

Je mangeai.

— Les trois boulettes, expliqua mon père, con-
135 tiennent toute la force de la pâte et nourrissent ton double. Elles lui donnent la force pour résister aux mauvaises *envies* des tchierkos.[2] Ton double, c'est toi- *desires, inclinations* même, invisible. **Quand** tu dors, la nuit, il *s'échappe* de *escapes* ton corps pour refaire tout ce que tu as fait dans la
40 journée. C'est pour cela qu'il ne faut jamais réveiller brutalement quelqu'un qui dort. **Si** son double est trop *éloigné*, il n'aurait pas le temps de réintégrer le corps. *far away* Ce serait la mort.

Cela m'agita un peu. **Mais** je repensais à mon
45 double qui se promenait la nuit.

▲ **Que pensez-vous de ce que dit le père au sujet du double ?**

— Aujourd'hui, je me suis lavé dans la *mare* de *pond* Salam, j'ai joué avec mes amis, **puis** j'ai été à la chasse aux *margouillats*. *gray lizards*

— Ton double refera tout cela cette nuit.

50 — Ah !

Je réfléchis.

▲ **Pourquoi le canari est-il indispensable ?**

[2] tchierkos : in the culture of Niger, much-feared sorcerers, because they can eat a person's "double" after transforming it into either a bird, reptile or insect.

Mais revenant peu à peu au grand événement du jour, je sentis une assurance de plus en plus grande m'*envahir*.   *overcome*

155 — **Maintenant**, m'écriai-je, avec *soulagement*, je   *relief*
suis protégé contre tout.

— Pas tout à fait! Viens! Je te mets autour du cou ce *fil* avec plusieurs *nœuds*, qui te rend invisible à   *thread/knots*
toutes les forces du mal et elles ne peuvent plus rien
160 contre toi. Je te mets aussi ce bracelet de *cuivre* rouge.   *copper*
C'est l'horizon du monde. Les démons en ont peur.

J'attendis encore.

Y avait-il d'autres choses?

Non.

165 C'était fini.

J'étais un homme.

▲ **Comment Albarka doit-il se sentir à la fin de la cérémonie?**

Récapitulation

Lignes 1–54

1. Quel âge Albarka a-t-il?   2. Où et pourquoi ses parents l'attendent-ils?   3. Qu'est-ce qui va lui arriver?   4. Comment la mère est-elle affectée par ce qui va arriver à Albarka?   5. Qu'est-ce que c'est qu'un canari?   6. Quel est le pouvoir du « canari »?

Lignes 55–104

7. Qu'est-ce que les parents d'Albarka mettent dans le canari chacun à son tour? Quelles explications donnent-ils?   8. Quelle est la signification des chiffres 3, 4, et 7?

Lignes 105–166

9. De quoi est fait le canari qui doit protéger Albarka?   10. Pourquoi le père fait-il trois petites boulettes de pâte?   11. Que doit faire Albarka avec ces boulettes?   12. Qu'est-ce que c'est que le double?   13. Le canari protège-t-il Albarka contre tout?

Somme toute

1. Résumez l'histoire (oralement ou par écrit) en vous servant des **points à noter**.
2. Quel(s) autre(s) titre(s) pourrait-on donner à cette histoire? Expliquez.
3. Qu'implique, selon vous, le mot « enfin » à la première ligne du texte?
4. Pourquoi le jeune Albarka ne comprend-il pas quand il entend le mot « canari »?

5. Relevez des exemples qui montrent la superstition et les préoccupations de ces gens avec les mauvais esprits.
6. Qu'est-ce qu'on apprend sur les rôles de l'homme et de la femme dans cette culture africaine? Relevez des exemples du texte.
7. Cette histoire donne l'impression d'une vie simple, calme, et bien ordonnée. Relevez des détails qui supportent cette affirmation.

Extrapolation

1. Y a-t-il dans votre culture des rites, de ˋ stages dans la vie, ou des fêtes qui aient une signification aussi importante que les sept ans d'Albarka? Discutez.
2. Pensez-vous qu'on puisse être un « homme » ou une « femme » à l'âge de sept ans? Expliquez.
3. Tout le monde est un peu superstitieux. Dans quel sens pouvez-vous comparer vos superstitions à celles de la famille d'Albarka? Donnez des exemples et expliquez-les.
4. Comment peut-on concilier la superstition avec l'idée chrétienne d'Adam et Ève (l. 101)?
5. En ce qui concerne la signification du nombre sept, avez-vous une explication différente de celle de la famille d'Albarka? Connaissez-vous son origine et son rôle dans la vie des chrétiens?
6. À la ligne 23, Albarka, le narrateur adulte, dit « c'était bien » en parlant de la coutume de son peuple. Que pensez-vous de cette réflexion? Qu'est-ce que cela implique? En pensant à votre enfance, vous rappelez-vous certains moments qui vous semblaient pénibles et difficiles à l'époque, mais dont vous pouvez dire aujourd'hui, comme Albarka, « c'était bien »? Faites une narration écrite dans laquelle vous racontez ces moments.
7. Dans votre culture, à quoi pourrait-on comparer le « double » d'une personne?
8. Décrivez un anniversaire mémorable dans votre vie (par exemple, quand vous êtes devenu(e) « teenager », le jour de vos seize ans, le jour de vos dix-huit ans, et ainsi de suite). Qu'est-ce qui a rendu cet anniversaire si important? Écrivez.

Techniques de l'auteur

1. En parlant de la préparation du « canari », le narrateur dit : « Ma mère se tourna vers **son mari** » (l. 16) ; « Mon père sourit à **sa femme** » (l. 29). Puis la mère du narrateur dit : « **Père d'Albarka**, le « canari » est terminé » (l. 113). Pourquoi Hama et Clair auraient-ils choisi ce langage impersonnel au lieu de faire dire à leurs personnages « mon père », « ma mère »,

et ainsi de suite ? Quel effet les expressions utilisées dans le texte créent-elles ?

2. Hama et Clair emploient souvent des phrases très courtes. Étudiez la fin de l'histoire en particulier (l. 162 – 66). Chacune de ces phrases courtes est un paragraphe nouveau. Pourquoi Hama et Clair auraient-ils choisi cette technique au lieu d'en faire un seul paragraphe plus complexe ?

3. Le but de Hama et Clair était de présenter à leurs lecteurs une Afrique authentique, intime et personnelle. Comment y arrivent-ils dans cette histoire ? Relevez des détails qui nous aident à comprendre un peu plus certains aspects de la culture du Niger.

Toula, le serpent d'eau de la mare[1] de Bilo

Pendant que vous lisez

A. **Points à noter.** Avant de lire, considérez les points suivants. Ils vous aideront à suivre le fil de l'histoire.

— l'homme qui raconte l'histoire au narrateur
— dans l'histoire, la tragédie du pays
— la solution du devin
— ce qui arrivera à la personne choisie par le roi
— le choix final du roi
— ce qui arrive à Toula
— la réaction de la mère de Toula
— l'impression que cette histoire a faite sur le narrateur
— la comparaison entre l'histoire de Toula et une légende grecque

B. **Style et techniques.** En lisant **Toula, le serpent d'eau de la mare de Bilo**, remarquez :

comment la simplicité de la culture présentée est rendue par la simplicité du style

C. **Stratégies de lecture.** Étudiez la stratégie suivante et, pendant que vous lisez **Toula, le serpent d'eau de la mare de Bilo**, essayez de la mettre en pratique.

Comme il a été fait dans **Le Nombre sept, le nombre de la chance**, (voir p. 28), certains adverbes et conjonctions qui indiquent les tournures d'une phrase sont accentués dans **Toula, le serpent d'eau de la mare**

[1] **mare** : pond

de Bilo. Quand vous lisez faites attention à ces mots car ils vous aideront à anticiper ce qui va suivre.

Sur une *pente*, au bord de la mare de Bilo, s'allongeait le jardin de l'école qui semblait venir boire son eau.

slope

L'homme qui s'en occupait s'appelait « Sadigné », déformation du mot « jardinier ». Je n'ai jamais connu son vrai nom.

Sadigné avait une grande *barbe* que le vent *plaquait* sur sa *poitrine*. **Et aussi,** une grande *pirogue*, dans laquelle il nous *emmenait* parfois, la faisant avancer à l'aide d'une longue perche. C'était extraordinaire : la rive marchait à côté de la pirogue.

beard/pressed
chest/canoe
took

▲ **Comment le narrateur décrit-il le mouvement de la pirogue ?**

Si j'*osais* glisser en pirogue sur la mare, **bien que** ce fût pour la première fois, je n'osais pas m'y *baigner :* Sadigné nous avait raconté une histoire qui me retenait sur ses rives : l'histoire de Toula, le serpent d'eau.

dared
bathe, swim

▲ **Pourquoi le narrateur ne veut-il pas aller dans l'eau ?**

« Il y a longtemps, longtemps, Toula était une très belle jeune fille.

Or, en ces temps lointains, une atroce *sécheresse écrasa* le pays.

drought
crushed

Plus d'eau venant du ciel !
Plus d'eau dans les mares !
Plus d'eau dans les *nappes souterraines !*
Plus d'eau dans les *puits !*

underground reservoirs/wells

▲ **Quel serait le résultat de cette tragédie ?**

Le roi alla trouver un *devin* qui le *transperça* de
25 son regard perspicace, et déclara, sur un *ton* grave :

— Tu viens pour l'eau qui ne veut pas sortir du
ciel. Tu viens pour ton pays qui *se fend* sous le soleil.

Il laissa passer un long et lourd silence.

— Tu viens pour que l'eau du ciel redonne vie à la
30 terre de ton peuple. La pluie, tu peux la faire tomber.

Le roi sentit *s'alléger* sa grande souffrance.

Mais les *paroles* qui suivirent, lui apportèrent
l'inquiétude et l'angoisse :

— Tu peux la faire tomber, **mais** à une seule con-
35 dition. Une condition très difficile.

▲ À votre avis, quelle pourrait être cette condition
difficile ?

Le roi baissa la tête, pensa à la soif et à la famine
qui mangeaient la force et la vie des gens, respira pro-
fondément et dit :

— Je ne sais pas quelle est la condition, **mais** j'ac-
40 cepte. La terre a besoin d'eau.

▲ Pourquoi le roi accepterait-il la condition sans
savoir ce dont il s'agit ?

— Il faut que tu sacrifies ta fille préférée ou une
autre jeune fille qui te soit aussi chère.

Le roi *étouffa* une exclamation d'horreur et retint
ses protestations... Il fallait cesser les *malheurs* du
45 peuple.

— Bien ! J'accepte le sacrifice.

▲ À votre avis, les malheurs du peuple valent-ils ce
sacrifice ?

Toutefois, il objecta, avec le secret espoir que le
devin lui *dévoilerait* une autre solution :

— Comment exécuter ce sacrifice **puisque**, dans
50 le pays on ne fait pas de sacrifices humains ?

— Tu n'auras pas à mettre la victime à mort. Tu
diras seulement son nom au *génie* de la mare. **Ensuite**,
tu inviteras les jeunes filles à célébrer une cérémonie
dans la mare maintenant *à sec*. Une magnifique pluie
55 tombera du ciel. Toutes les jeunes filles *s'enfuiront*.
Toutes, *sauf* celle que tu auras désignée et que le génie
gardera. Ses jambes ne pourront pas *bouger*. Elle restera comme plantée dans la mare. L'eau montera le

*prophet, sorcerer/
pierced/tone,
voice*

(here) is dying

lighten

(spoken) words

stifled

misfortunes

would reveal

spirit

dry

will run away

except

move

long de son corps, elle disparaîtra. Elle deviendra l'esprit vivant de la mare.

▲ **Qu'est-ce qui arrivera pour faire tomber l'eau?**

Le roi, sachant ce que son honneur lui commandait, désigna sa propre fille. La mère et les oncles maternels de celle-ci s'y opposèrent avec fureur.

Alors, le roi désigna la fille de sa sœur, sa nièce Toula. Sa femme et ses beaux-frères approuvèrent. On *cacha* la décision à la mère de Toula. Le génie fut *prévenu.*

hid
altered

▲ **Pourquoi ne dit-on rien à la mère de Toula?**

Les jeunes filles allèrent, en chantant, vers la mare, et, dans son lit à sec, implorèrent le génie.

Le génie fit tomber la pluie, violente et généreuse.

Criant de joie et s'*éclaboussant,* les jeunes filles se précipitèrent vers la rive.

splashing

Seule, Toula resta, les yeux dilatés d'incompréhension.

Ses amies lui crièrent :

— Viens Toula! Viens! L'eau monte très vite!

— Je ne peux pas bouger. On me retient. Oh! je sais... c'est mon oncle. Courez prévenir ma mère, dites-lui que c'est mon oncle qui m'a sacrifiée au génie de la mare. Dites...

L'eau *engloutit* Toula.

swallowed up

▲ **Toula est-elle sacrifiée comme prévu?**

Sa mère, folle de douleur, courut à la mare. La pluie avait cessé. La mare, aussi étendue qu'en pleine saison des pluies, brillait, indifférente et calme.

Aucun *indice* ne laissait *deviner* où était disparue Toula.

sign/guess

La mère, désespérée, appela :

— Toula! Toula! Existes-tu? Si tu existes, montre-toi à moi.

La jeune fille émergea jusqu'à mi-corps.

— Toula! Oui, c'est ton oncle, mon frère qui t'a sacrifiée. **Mais** tu es maintenant l'esprit de l'eau. **Aussi,** je te demande, moi, ta mère, de ne jamais faire de mal à la branche féminine de notre famille. Et cela, pour toujours. **Par contre,** ne pardonne jamais à la branche masculine.

▲ **Pourquoi la mère de Toula lui demande-t-elle de faire ces promesses ?**

Depuis ce temps, Toula, transformée en serpent, ne tue, pour boire leur sang, que les descendants de son oncle. »

100 À la suite de ce récit, je n'étais pas loin d'*entre-voir*, surtout le soir, le serpent d'eau dans la mare de Bilo. Et je ne me sentais nulle *envie* d'aller vérifier ! Oui, je me souvenais du petit garçon, qu'à Fonéko, on avait *pris pour* le serpent d'eau. **Mais** les villageois af-

105 firmaient qu'il était parti. **Tandis qu'**ici, ils savaient qu'il n'avait pas bougé de la mare.

get a glimpse of

desire

mistaken for

▲ **Quel effet l'histoire de Toula a-t-elle sur le narrateur ?**

Neuf ou dix ans plus tard, notre professeur expli-quait « Iphigénie ».[2] D'un seul coup, la comparaison s'imposa, pour moi, évidente, avec l'histoire de Toula.

110 Le devin Calchas avait dit au roi Agamemnon, qu'il lui fallait sacrifier sa fille s'il voulait obtenir des vents favorables. Dans les deux cas, on cacha tout à la mère de Toula et à celle d'Iphigénie.

L'une sacrifiée pour la pluie. L'autre pour les

115 vents...

Je me mis à rêver à une tragédie, intitulée « Toula ».

Mais je ne pus m'empêcher de penser, et même d'être sûr que nous étions moins barbares que les

120 Grecs.

▲ **Qu'est-ce qui rendrait le sacrifice de Toula moins barbare que celui d'Iphigénie ?**

Eux, sacrifiaient une jeune fille, pour continuer une guerre, **pour que** meurent tant et tant de jeunes hommes, et cela, pour une cause qui ne me semblait pas justifier tout ce *branle-bas*.

commotion

125 **Tandis que** les Sonraïs,[3] en sacrifiant Toula, ont sauvé, de la mort, tout un peuple !

---

[2] **Iphigénie** : daughter of Agamemnon; as told in a legend by Euripides, her life was demanded as a sacrifice by the Greek goddess Artemis so that the winds would blow and move Aga-memnon's fleet in the Trojan War.

[3] **Sonraïs** : cluster of peoples in Niger and eastern Mali; they were the dominant group in the medieval empire of Songhay, which reached its height in the 16th century, controlling much of the Saharan caravan trade.

Récapitulation

Lignes 1–63
1. Où cette histoire a-t-elle lieu? 2. Comment le narrateur a-t-il appris l'histoire de Toula? 3. Qui est Toula? 4. Qu'est-ce qui a forcé le roi à aller voir le devin? 5. Quelle solution le devin propose-t-il? 6. Pourquoi le roi se sent-il obligé d'accepter cette solution? 7. En tant que *(as)* roi, qui le roi doit-il choisir pour le sacrifice?

Lignes 64–126
8. Qui le roi choisit-il en fin de compte? 9. Décrivez le sacrifice. 10. Quand la mère revoit Toula, que lui demande-t-elle de faire? 11. Quelle transformation Toula subit-elle *(experience)*? 12. Selon le jugement du narrateur, dans quel sens l'histoire d'Iphigénie ressemble-t-elle à celle de Toula?

Somme toute

1. Résumez l'histoire (oralement ou par écrit) en vous servant des **points à noter.**
2. Dans quel sens le narrateur est-il superstitieux quand il est près de la mare?
3. Qu'est-ce que le roi espère en rappelant au devin qu'on ne fait pas de sacrifices humains dans ce pays?
4. Quels sentiments le roi éprouve-t-il en acceptant les conditions du devin?
5. Comment la mère de Toula se venge-t-elle? Pourquoi? Comment Toula montre-t-elle qu'elle a accepté la proposition de sa mère?
6. Quelles sont les attitudes du narrateur envers la légende de Toula? Comment changent-elles de celles du garçon qui écoute l'histoire racontée par le jardinier de l'école à celles de l'homme éduqué?

Extrapolation

1. Pourquoi une sécheresse serait-elle désastreuse pour un pays? Comment donc une situation pareille rendrait-elle le roi vulnérable aux demandes exorbitantes du devin?
2. Le roi a choisi de sacrifier sa nièce Toula sans le dire à sa mère. Que pensez-vous de cette action? Pensez-vous que le roi ait bien agi? Pourquoi ou pourquoi pas?
3. Est-il possible de se trouver dans un dilemme où aucune des options n'est facile à accepter? Discutez les décisions que doivent prendre les chefs d'état, les parents, les patrons, les jeunes, et ainsi de suite.

4. Qu'est-ce que c'est que la vengeance ? Qu'accomplit-elle ? Est-elle jamais justifiée ? Que pensez-vous de la vengeance de la mère de Toula ?
5. À la fin de l'histoire le narrateur a comparé l'histoire de Toula à celle d'Iphigénie, en disant que sa tribu était moins barbare que ne l'étaient les Grecs. À votre avis, en quoi consiste un acte barbare ? Lequel des actes vous semble barbare, celui du roi ou bien celui de la mère de Toula ?
6. Imaginez ce que la mère de Toula a dit à son frère le roi quand elle a appris qu'il avait sacrifié sa nièce au génie de la mare de Bilo, et comment le roi a défendu sa décision. Écrivez leur conversation.
7. Connaissez-vous une autre histoire dans laquelle il s'agit d'un sacrifice humain ? Si oui, racontez-la brièvement.

Techniques de l'auteur

1. Cette histoire est un mélange de réel et de légendaire. Relevez des exemples qui illustrent ces deux catégories. Quel effet les auteurs ont-ils réussi à produire ?
2. Expliquez la composition de ce récit. Le narrateur est-il le même au début et à la fin ? Qui raconte l'histoire ?
3. Comment Hama et Clair arrivent-ils à montrer la sévérité de la situation ? Quel vocabulaire et quelles images emploient-ils ?
4. Un des buts de Hama et Clair était de faire connaître la vraie Afrique. Comment les auteurs arrivent-ils à nous montrer la simplicité et la beauté de cette culture au moyen d'une légende ?

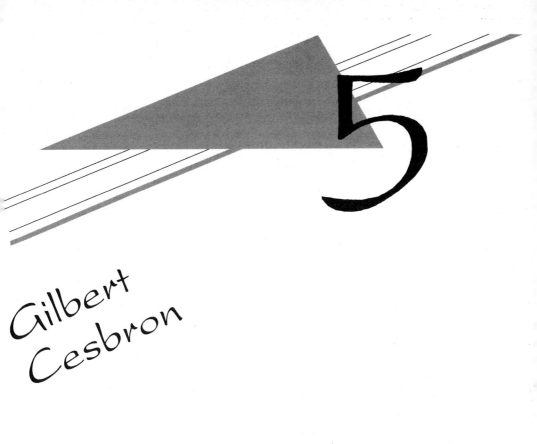

Gilbert Cesbron

Né en 1913 à Paris, **Gilbert Cesbron** fait tout d'abord des études à l'École des sciences politiques, puis se lance dans une carrière de lettres dès 1934 et devient écrivain et directeur de programmes à Radio-Luxembourg. Cesbron n'est pas un écrivain de « carrière » car il conçoit *(conceives)* une grande partie de ses œuvres en allant au bureau. Pour Cesbron, littérature veut dire liberté et joie ; c'est un document sociologique dans lequel il tient à dévoiler à ses contemporains certaines vérités en ce qui concerne les injustices sociales et économiques en France. Il veut être avant tout un écrivain parmi les hommes qui souffrent, aiment et espèrent ; il veut être un observateur, et un témoin du monde. Ses thèmes sont des thèmes d'actualité et c'est cet observateur vigilant et sensible que l'on trouve dans les deux contes qui suivent, **La Honte** et **La Première Mouche de l'été.** Le lecteur y retrouve le drame de la vie de tous les jours dans la simplicité des thèmes et de la narration.

Il meurt en 1979.

La Honte[1]

Pendant que vous lisez

A. Points à noter. Avant de lire, considérez les points suivants. Ils vous aideront à suivre le fil de l'histoire.

— le village où travaille le médecin
— les personnages autour du malade
— les vêtements du malade
— la réprimande du médecin
— la justification des femmes
— les vêtements nouveaux du malade

B. Style et techniques. En lisant **La Honte,** remarquez les éléments suivants :

1. comment le thème de la honte se retrouve dans tous les aspects de l'histoire
2. comment les mots que Cesbron choisit pour décrire l'aspect physique des femmes dans l'histoire révèlent en même temps leurs attitudes et leur état mental *(frame of mind)*

C. Stratégies de lecture. Étudiez la stratégie suivante et, pendant que vous lisez **La Honte,** essayez de la mettre en pratique.

Il est souvent possible de déterminer le sens d'un mot en regardant la racine *(root)* dont il est dérivé. Examinez les exemples suivants. Remarquez que la racine et le mot qui en est dérivé ne s'écrivent pas toujours de la même façon :

— **attendr**issement   a un rapport avec **tendre** : « tenderness »
— **color**é   a un rapport avec **couleur** : « colored »
— **vieill**esse   a un rapport avec **vieille** : « old age »
— **froid**ement a un rapport avec **froid** : « coldly »

Les racines de certains mots sont accentuées dans **La Honte.** Essayez de déterminer le sens de ces mots pendant que vous lisez.

---

[1] **honte** : shame

— *Vous n'avez pas honte !* dit le médecin.   *Shame on you!*

En fait, la chose l'amusait plutôt, mais il ne pouvait pas abandonner son personnage. À moins de trente ans, pour *affronter* ce *bourg* méfiant, *cagot*, où   *face/village/hypocritical* semblaient n'habiter que des vieux et des vieilles, il fallait bien y mettre du Molière : un peu de Tartuffe et pas mal de Diafoirus.[2]

— Vous n'avez pas honte !

Avouez qu'il leur venait des idées extraordi-   *admit* naires ! Il *avait bien du mal* à ne pas en rire, *malgré* les   *really had trouble/* circonstances.   *despite*

▲ **Que savons-nous déjà des détails de l'histoire ?**

La mère, l'épouse et la sœur, les trois Parques[3]   *dying person/dressed* assises autour de leur *mourant*, de noir *vêtues* déjà, et   *similar/clenched fist* sans une parole... Sous chaque coiffe, *pareil* à un *poing* *serré*, le chignon avare tirait *en arrière* les cheveux   *back* blancs ou gris. La mère, l'épouse, la sœur (mais on les discernait *à peine*), les yeux **froid**ement fixés sur leur   *hardly* *bonhomme* de fils, de mari et de frère, **allong**é, ses   *man* mains **crois**ées sur le *ventre*, comme les leurs, sans une   *stomach* *plainte*. Dans cette chambre où l'air n'était plus com-   *moan* posé que de *soupirs*, le seul personnage vivant parais-   *sighs* sait être *l'horloge*. Une horloge de la même famille   *clock* qu'eux : droite et noire, avec un visage impassible, à peine plus pâle, et un cœur aussi paisible mais moins discret que le leur.

▲ **Que font les trois femmes ?**

[2] **Molière... Diafoirus :** Molière was a seventeenth-century writer of comic plays; Tartuffe is a character who epitomizes hypocrisy; Diafoirus, a doctor who pretends to have great knowledge and skill.

[3] **les trois Parques :** the three Fates: from Greek and Roman mythology, the three goddesses of destiny. Clotho spins the thread of life, Lachesis measures it, and Atropos severs it.

Trop discret et, de jour en jour, plus *lent* et moins *slow*
audible, le cœur du vieil homme **allong**é! De quoi se
mourait-il? De mort, de temps, d'**usure**. Le médecin
passait le voir chaque jour, pour rien, parce que la mai-
30 son se trouvait *sur son chemin*. Il faisait les mêmes *on his way*
gestes, répétait les mêmes *paroles :* une sorte de rituel *(spoken) words*
triste et vain. « Monsieur le docteur, est-ce qu'il est
perdu? » demandait l'épouse. « Je ne peux plus rien
pour lui »,[4] répondait-il hypocritement. Mais à la
35 sœur, il avait eu le tort de déclarer : « Je crois bien qu'il
est perdu. » Elle l'avait aussitôt répété aux deux
autres; et c'est sans doute ce qui expliquait...
— Vous n'avez pas honte!

▲ À votre avis, qu'est-ce que ces femmes ont pu faire
pour que le médecin les réprimande pour la
troisième fois?

Ce qui expliquait que, ce soir, il avait trouvé le
40 malade posé sur son lit, vêtu de sa chemise *empesée*, de *starched*
sa cravate noire, de son *habit de cérémonie*, de ses *"Sunday clothes"*
souliers **point**us.
— Il est mort?
— Non, Monsieur le docteur.
45 — Mais alors?
— Puisqu'il est perdu, nous l'avons habillé pendant qu'il vit encore.
— C'est plus *commode*, avait expliqué la vieille : *handy*
après, ils **dur**cissent *d'un seul coup* et on a bien du mal. *all at once*
50 Je me rappelle qu'avec mon *défunt*... *late (husband)*

▲ Qu'est-ce que les femmes ont fait? Qu'en pensez-
vous?

— Vous n'avez pas honte!
— Mais, dit la sœur, vous m'aviez dit vous-
même...
— Je vous ai dit, et j'ai eu tort, que « je croyais
55 bien » qu'à présent, en effet... Mais rien n'est jamais
sûr : hier soir, il *respirait* un peu mieux. Ce qu'il faut, *was breathing*
c'est ne pas le *remuer*, ne pas l'agiter. Et puis, poursui- *move*
vit-il en *baissant* la voix, il a encore toute sa connais- *lowering*
sance.[5] Vous imaginez ce qu'il a dû ressentir, tandis
60 que vous l'en**dimanch**iez?

---

[4] **Je ne peux... lui** : There's nothing more I can do for him.
[5] **il a... connaissance** : he still has all his wits about him.

— Mais c'était pour lui faire honneur, dit l'épouse qui **pleur**nichait.

— Lui faire honneur ?

— Tout le village *défilera* devant lui, même les enfants des écoles. L'ancien *receveur des postes* ne peut pas être *fagoté*, ajouta-t-elle avec une sorte d'orgueil.

— Vous n'avez pas honte !

Mais il s'était contraint pour ne pas rire.

will parade

postmaster
badly dressed/pride

▲ Pourquoi le médecin a-t-il envie de rire ?

(Il avait trente ans et ne *moisirait* sûrement pas dans ce village.) Il les regardait : les yeux à terre *bossant du dos* trois **écol**ières prises en faute. Il sentait sa puissance et en *éprouvait* un peu de honte.

would rot
bending

felt

▲ Pourquoi le médecin aurait-il honte ?

— Allons, reprit-il d'un ton **rad**ouci, à demain.

Mais on *vint le chercher dans l'heure* en s'excusant beaucoup de le déranger encore ; cette fois il était mort.

— Comment cela ? Mais *tout à l'heure...*

came to get him/
within the hour

a little while ago

▲ Pouvez-vous finir la phrase du médecin ?

Il le trouva mort, en effet : rien de changé, *sauf* la bouche ouverte et les yeux fermés. Mais il était revêtu de sa vieille chemise ; le costume des dimanches, la chemise dure et les souliers **brill**ants étaient *soigneusement rangés* sur une chaise.

Dès le départ du médecin, les trois femmes (« Vous n'avez pas honte ! ») avaient dés**habill**é en hâte leur bonhomme.

except

carefully
arranged

▲ Pourquoi les trois femmes ont-elles décidé de déshabiller l'homme ?

« Sou**lève**-le... Non, plus haut !... *Tire* sur la jambe, toi... Bien... Pousse la tête en avant, que je *défasse* le système de la cravate... Attention, tu *serres* trop... Bon, l'autre manche à présent... Dépêchez-vous donc !... » Remué en tous sens, plié en deux, *redressé*, re**tomb**ant, il usait ses dernières forces, son dernier *souffle* à protester, mais en vain : elles ne voulaient plus avoir honte. À un moment, elles remarquèrent qu'il était devenu plus facile à *manier*.

pull
undo
squeeze

sat up
breath

handle

▲ Que suggère cette dernière phrase ?

Récapitulation

Lignes 1–42
1. Qui sont les personnages de l'histoire?   2. Où cette histoire a-t-elle lieu?   3. Qui le médecin vient-il voir? Pourquoi?   4. Quand le médecin vient-il voir le malade? Pourquoi?   5. Qu'est-ce que les femmes demandent souvent au médecin?   6. Comment le malade est-il habillé quand le médecin vient le voir un soir?

Lignes 43–95
7. Pourquoi les trois femmes ont-elles habillé l'homme dans son costume de dimanche?   8. Quelle est la réaction du médecin à l'explication des femmes?   9. Quand vient-on chercher le médecin pour lui dire que l'homme est mort?   10. Qu'est-ce que les femmes ont fait après les réprimandes du médecin?

Somme toute

1. Résumez l'histoire (oralement ou par écrit) en vous servant des **points à noter.**
2. Faites une description du médecin (son âge; sa personnalité; ce qu'il pense du village et de ses habitants; et ainsi de suite).
3. Quels adjectifs pourraient décrire les trois femmes? Relevez des exemples du texte pour justifier votre choix.
4. Dans quel sens pourrait-on dire que le médecin et les trois femmes sont tous les quatre responsables de cette malheureuse situation? Justifiez votre réponse.
5. Cette histoire décrit certains aspects de la vie actuelle *(present-day)* en ce qui concerne la mort. Relevez des détails qui montrent la différence entre les pratiques en France et celles que vous connaissez aux États-Unis.

Extrapolation

1. D'après ce que vous savez des trois femmes, pensez-vous qu'elles se soient rendu compte qu'elles ont précipité la mort du vieil homme en changeant ses vêtements?
2. En réprimandant les trois femmes, le médecin dit au sujet du mourant : « ...Et puis,... il a encore toute sa connaissance. Vous imaginez ce qu'il a dû ressentir, tandis que vous l'endimanchiez?... » (1. 57–60). Imaginez les pensées de l'homme.
3. Des années ont passé et le médecin travaille maintenant dans une grande ville moderne. Comment explique-t-il cet incident à ses nouveaux amis?

N'oubliez pas la personnalité du médecin pendant que vous écrivez son anecdote.

4. Qu'est-ce que c'est que la honte ? À votre avis, la honte gouverne-t-elle les actions dans notre vie ?

Techniques de l'auteur

1. Comment Cesbron développe-t-il le thème de la honte ? Comment la honte est-elle à la base de tout ce que font les personnages dans l'histoire ?
2. Pourquoi Cesbron aurait-il appelé les trois femmes « les trois Parques » ?
3. Examinez la description des trois femmes (1. 12 – 25). Quel vocabulaire Cesbron utilise-t-il pour décrire ces femmes ? Qu'est-ce que ces descriptions révèlent des attitudes et du genre d'existence de ces femmes ?
4. Si on respectait l'ordre chronologique de l'histoire, où devrait-on placer le dernier paragraphe ? Pourquoi Cesbron l'aurait-il placé à la fin ?

La Première Mouche[1] de l'été

Pendant que vous lisez

A. **Points à noter.** Avant de lire, considérez les points suivants. Ils vous aideront à suivre le fil de l'histoire.

— les sentiments des mouches envers l'arrivée de l'été
— ce que font les mouches « typiques »
— l'individualisme de la première mouche de l'été
— les avertissements
— les différents endroits *(places)* dans la maison où se réunissent les mouches
— le dernier endroit qui attire la première mouche de l'été

B. **Style et techniques.** En lisant **La Première Mouche de l'été**, remarquez les éléments suivants :

1. les descriptions précises et soigneuses de chaque déplacement et impulsion des mouches
2. la personnification des mouches à l'aide d'images et de métaphores

C. **Stratégies de lecture.** Étudiez la stratégie suivante et, pendant que vous lisez **La Première Mouche de l'été**, essayez de la mettre en pratique.

[1] **mouche** : fly (insect)

Comme il a été fait dans **La Honte** (voir p. 44), les racines de certains mots sont accentuées dans **La Première Mouche de l'été**. Essayez de déterminer le sens de ces mots en regardant leur racine.

La première mouche de l'été *déplia* ses *ailes* — *unfolded/wings*
toutes neuves, puis les *déploya*. Elle sentit l'air monter — *stretched out*
le long de son corps et enrober son *corset* comme une — *body*
eau *tiède* et elle se mit à *bourdonner* de *bonheur*. — *lukewarm/buzz/ happiness*

▲ **Pourquoi la première mouche est-elle heureuse, et comment le montre-t-elle ?**

5   — Attendez-moi ! Où allez-vous ?
Ses sœurs *s'enfuyaient* déjà, *ivres* de *voler*. — *were fleeing/drunk/ flying*
— Tu ne sens donc pas ?
Si ! Mille odeurs *grisantes*, **sucr**ées — laquelle — *intoxicating*
choisir ? Elle vit le *vol* incertain *se rabattre* vers le coin — *flight/swoop down*
10 du mur où le **jardin**ier *entassait* sa réserve de *fumier*. — *was piling up/manure*
« Elles sont *folles* ! » Cette puissante odeur l'**attir**ait, — *crazy*
elle aussi, mais comme le *vide* attire celui qui souffre — *void*
du *vertige*. Elle s'en dé**tourn**a, se laissa porter, suivit le — *dizziness*
courant d'*effluves* qui la *ravissaient* et se posa sur l'ex- — *vapors, scents/ thrilled*
15 trême pétale d'une rose.

▲ **Qu'est-ce qui attire la première mouche ?**

— Sors de là, fit une *abeille* qui *s'affairait* au — *bee/was busy*
cœur de la rose. Chacun son métier et chacun ses goûts,
allez ouste ! — *"Scram!"*
Comme tous les enfants, la mouche nouvelle
20 *éprouvait* une considération **craint**ive pour les *grandes* — *felt/adults*
personnes et pour les étrangers ; elle obéit et chercha
refuge sur une fleur sans odeur mais dont les nuances
l'enchantaient. Cette ville (le jardin) avec ses avenues,
ses habitants **ail**és, *rampants* ou souterrains et ses — *crawling*
25 monuments de couleurs et de parfums, quel paradis !

L'une de ses sœurs l'y *rejoignit*, non moins heureuse, *soûle* de *purin* : *joined* *drunk/liquid manure*

— Nous avons découvert l'*écurie*, viens, c'est fantastique! Qu'est-ce que tu fais là? *stable*

— C'est si joli.

— Absolument *fade*, et il n'y a rien à manger. *boring, flat*

— Toutes ces couleurs...

— *Méfie-toi* de tout ce qui n'est pas noir. *be suspicious*

— Pourquoi?

— Parce que c'est différent de nous autres.

▲ **Devrait-on se méfier de ce qui est différent?**
Pourquoi ou pourquoi pas?

« Justement! pensa la mouche, c'est cela qui fait tout le plaisir du monde. »

— Et puis il ne fait pas bon de rester seule.

— Pourquoi?

— Les autres ne nous aiment pas.

« Comment sait-elle déjà tout cela? pensa encore la mouche » — et elle murmura :

— C'est vous qui ne les aimez pas.

— J'ai découvert un autre endroit encore plus obscur, viens!

▲ **Comment l'attitude de la mouche est-elle différente**
de celle des autres?

Elle suivit sa *compagne* à regret, quitta le soleil, le jardin embaumé, *s'engouffra* dans la *demeure à sa suite* et, de *couloir* en couloir, se glissa dans les *cabinets* par la porte entrouverte. *companion* *disappeared/house/ behind her/ corridor/toilets*

— *Fameux, hein?* *"Great, ain't it?"*

Une douzaine de mouches, de tous les âges, *tourn*oyaient au *plafond*. *ceiling*

— Mais...

— *Ne t'inquiète pas*, il y en a pour tout le monde. Prends ta place dans le *manège* et attends. *don't worry* *game*

Elle obéit; mais bientôt elle sentit un *tournis* nauséeux la *gagner*. Elle sortit du vol, se perdit dans des corridors, heureuse et **angoiss**ée de se retrouver seule. « Ne peut-on trouver la liberté qu'au prix de la solitude? » Il est rare, rare et **périlleux**, qu'une mouche pense. *dizziness* *seize*

▲ **Pourquoi serait-il dangereux de penser?**

Elle fut surprise d'entendre bourdonner un *essaim* de ses compagnes en un *lieu* aussi blanc (la *swarm/place*

65 cuisine). Elles tournaient au-dessus d'un morceau de
viande qui suait le *sang*, comme une *escadrille* sur *blood/air squadron*
une ville en flammes. De temps à autre, l'une d'elles
bombardait en piqué. La mouche aperçut à l'écart, *dive-bombed*
dans une *assiette* creuse, un lac de lait. Ce calme, cette *plate*
pureté la fascinèrent; elle se posa sur la *rive* et se mit *edge*
70 à rêver. Lorsqu'on sait qu'à tout moment on peut
s'en**vol**er, quelle sécurité! Comment peut-on être
heureux si l'on n'est pas une mouche?

▲ **Pourquoi la mouche se poserait-elle cette question?**

Elle *trempa* une *patte* dans le lac blanc qui lui parut *dipped/paw*
tiède et *moelleux*, *lécha* cette patte, la trouva su**cr**ée. *mellow/licked*
75 Mais un ange **furi**bond[2] se mit à les chasser du
paradis à grands **moulin**ets de *torchon* : *dish towel*
— *Sales* bêtes! Ah, voilà bien l'été qui com- *dirty*
mence...
« Ils ne nous aiment pas », se rappela la mouche.
80 Cette ennemie était *vêtue* de blanc : « J'aurais dû me *dressed*
méfier d'elle. »

▲ **Qui est « l'ange furibond »? Pourquoi la mouche
aurait-elle dû se méfier de cet « ange »?**

D'un vol zigzagant comme la *foudre* (afin de *dé-* *lightning/thwart*
jouer les poursuites), elle re**part**it par de sombres cou-
loirs. Elle vit une vieille femme *en deuil peiner* à *gravir* *in mourning/working*
85 un escalier; cela lui rendit la joie d'être mouche. D'un   *hard/climb*
trait elle se trouva rendue à l'étage, hésita entre plusieurs portes *entrebâillées*, sentit la bonne odeur du *ajar*
lait *mêlée* à celle de la rose et n'hésita plus. *mixed*

▲ **Qu'est-ce qui pourrait être derrière cette porte?**

Dans cette chambre pé**nombr**euse, tout lui parut
90 *exquis*, les dessins sur les murs, les jouets de *peluche* *exquisite/plush*
étonnés, les piles de *linge* doux. « Comment peuvent- *linens*
elles tourner sans fin au-dessus du fumier ou dans cette
petite pièce *puante* alors qu'il en existe une autre, aussi *stinking*
colorée, aussi **parfum**ée que le jardin, silence en plus? »
95 Ce fut alors qu'elle aperçut la merveille.
Elle s'en approcha en évitant de faire du bruit
avec ses ailes : au creux d'un immense *nid* **sommeil**lait *nest*
une toute petite créature. Les draps couleur du ciel se
soulevaient à peine au rythme de son souffle tran-

---

[2] **ange furibond** : This is an "oxymoron" (*alliance de mots*), a juxtaposition of contradictory
words.

quille. L'exquise odeur, qui *emplissait* la chambre et y   *filled*
avait attiré la mouche, *émanait* de ce petit être tiède.   *was coming*
Pas un bruit... Si! à la fin de chaque expiration, une
infime plainte qui, bizarrement, n'exprimait qu'une   *tiny/wail*
joie paisible.

▲ Quelle est la « merveille » que la mouche remarque?

    « Voilà, décida la mouche, je passerai ici toutes
mes **journées**, car où pourrais-je me sentir plus
heureuse? Le soir, je descendrai faire un tour de jardin
à l'heure où les abeilles ne s'y trouvent plus. Lorsque
j'aurai faim, j'irai boire au bord du lac. Bien sûr, je
vivrai seule, mais... »

▲ Pourquoi pense-t-elle qu'elle sera heureuse ici?

    À ce moment le ciel lui tomba sur la tête.
    — Dors tranquille, mon bébé, murmura la vieille
dame : je viens d'*écraser* cette vilaine bête.   *squashed*
    Elle contempla l'enfant avec **attendr**issement.
Elle était toute vêtue de noir; on aurait dit une immense mouche.

▲ Qu'est-ce qui n'était pas conforme aux avertissements
   des autres mouches?

Récapitulation

Lignes 1–49
1. Quel est le personnage principal de l'histoire?   2. Quelles sortes
d'odeurs les mouches sentent-elles?   3. Quelle est la réaction de la première mouche de l'été à ces odeurs?   4. Où la première mouche choisit-
elle de se poser? Qui rencontre-t-elle?   5. Que lui dit l'abeille? Pourquoi
la mouche lui obéit-elle?   6. D'après les conseils d'une de ses sœurs, de
quoi la mouche doit-elle se méfier? Pourquoi?   7. Où la mouche est-elle
entraînée *(dragged)* par sa compagne?

Lignes 50–116
8. Que pense-t-elle de cet endroit?   9. Que voit-elle dans la cuisine?   10. Après être chassée de la cuisine, où va-t-elle?   11. Comment décide-t-elle de passer ses jours?   12. Qu'est-ce qui arrive à la
mouche?

Somme toute

1. Résumez l'histoire (oralement ou par écrit) en vous servant des **points à
   noter**.

2. Quels adjectifs peuvent décrire les différents personnages dans l'histoire ? Expliquez.
3. Qu'est-ce qui attire ces mouches ? Pourquoi la première mouche se plairait-elle dans une chambre de bébé ?
4. Relevez des exemples qui montrent que la première mouche est individualiste par rapport aux autres mouches.
5. Une des mouches a dit à la première mouche de se méfier de tout ce qui n'est pas noir. A-t-elle eu raison de suivre ce conseil ? Pourquoi ou pourquoi pas ? Quelle est l'ironie de cette histoire ?
6. Quel rôle les êtres humains jouent-ils dans l'histoire ?

Extrapolation

1. À votre avis, que diront les autres mouches quand elles auront appris que la première mouche a été tuée ?
2. Un des thèmes dans l'histoire est la méfiance. Comment décide-t-on de qui ou de quoi on devrait se méfier ? Peut-on réduire cette décision à une simple formule, comme dit une des mouches : « Méfie-toi de tout ce qui n'est pas noir... parce que c'est différent de nous autres » ?
3. Cesbron emploie beaucoup de maximes comme, par exemple, « Méfie-toi de tout ce qui n'est pas noir ». Cherchez d'autres maximes dans l'histoire et, si nécessaire, changez-les pour qu'elles puissent s'appliquer aux êtres humains. À votre avis, lesquelles de ces maximes méritent d'être suivies ? Pourquoi ?
4. Est-ce que Cesbron voudrait nous enseigner une leçon ? Si oui, laquelle ?
5. Écrivez les pensées de votre animal familier (pet) ou celles d'un personnage animal de bande dessinée (comic strip). Quelles maximes répéterait-il à d'autres animaux de son genre ?

Techniques de l'auteur

1. À votre avis, pourquoi Cesbron appelle-t-il la mouche principale la « première » alors qu'elle a aussi des sœurs ?
2. Les mouches dans cette histoire pensent comme des personnes tout en agissant comme des mouches. Cherchez des exemples qui décrivent leur côté humain et leur côté animal.
3. De quelles images Cesbron se sert-il pour décrire les sentiments que les mouches éprouvent envers ce qu'elles voient et ce qu'elles entendent ?
4. À votre avis, pourquoi Cesbron aurait-il choisi des mouches, et non pas des personnes, pour ses personnages principaux ? Dans quel sens cette histoire est-elle une parodie des pensées et des actions des hommes ?
5. Si vous avez lu **La Honte**, à quoi pouvez-vous reconnaître le style de Cesbron ? Trouvez des similarités entre les deux histoires (thèmes, vocabulaire, images, tournures de phrases, et ainsi de suite).

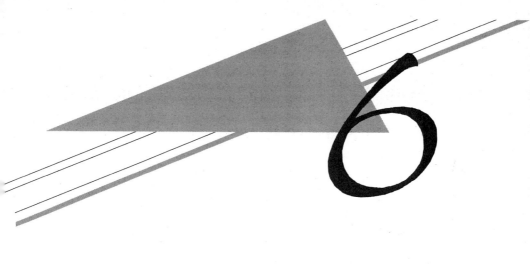

Pierre Dagenais

Notes sur l'auteur

Pierre Dagenais est né à Montréal au Canada en 1923. Comédien, metteur en scène, romancier et dramaturge, Dagenais fait partie des Compagnons de Saint-Laurent avant de fonder en 1943 sa propre troupe de théâtre, l'Équipe. Il y joue divers rôles tout en participant à plusieurs radio-romans. De 1948 à 1950, il écrit, réalise et tient un rôle dans « Le Faubourg à M'lasse », un radio-roman diffusé sur les ondes de Radio-Canada. Plus tard il écrit encore d'autres œuvres inédites présentées à la télévision de l'État, puis une pièce de théâtre, un roman, des mémoires, et une collection de contes, *Contes de la pluie et du beau temps*, d'où sont tirés **La Vie des autres** et **Le Cri** qui suivent.

Dagenais aime avant tout la nature, mais il se montre un observateur pénétrant de la nature humaine et un philosophe doué d'un esprit fin et avisé.

La Vie des autres

Pendant que vous lisez

A. Points à noter. Avant de lire, considérez les points suivants. Ils vous aideront à suivre le fil de l'histoire.

— les trois amis de monsieur Tardif, leurs possessions et ce que monsieur Tardif en pense
— l'attitude de monsieur Tardif envers sa vie
— ce que fait monsieur Tardif pour changer sa vie
— ce qu'il fait avant de rentrer chez lui
— ce que lui apprennent ses trois amis
— ce qu'il découvre à la fin de ses aventures

B. Style et techniques. En lisant **La Vie des autres,** remarquez les éléments suivants :

1. comment le lecteur de Dagenais participe lui-même à l'histoire
2. comment l'esprit philosophique et observateur de Dagenais se manifeste à travers la narration

C. Stratégies de lecture. Étudiez la stratégie suivante et, pendant que vous lisez **La Vie des autres,** essayez de la mettre en pratique.

Pour déterminer le sens d'un mot que vous ne connaissez pas, il est utile de considérer le contexte dans lequel le mot se trouve parce que c'est le contexte qui délimite le sens des mots. Considérez les exemples suivants : il n'y a généralement qu'une possibilité pour le sens des mots accentués.

— Jean a dû acheter quatre nouveaux **pneus** pour sa voiture.
— Mon père s'est remarié l'année passée ; je m'entends bien avec ma **belle-mère.**
— En automne, les **feuilles** des arbres tombent.

Certains mots sont accentués dans **La Vie des autres.** Essayez d'en déterminer le sens pendant que vous lisez.

Lorsqu'il nous arrive de comparer notre vie avec
celle de nos **voisins,** il nous semble la plupart du temps
que la nôtre *reluit* moins que la leur. *De par* sa nature   *shines/by*

même, en effet, l'homme ne peut être satisfait de son *sort*, puisqu'il fut créé pour le ciel et non pour la terre et que, pour son plus grand *malheur*, il se voit contraint d'habiter *cette dernière*.

fate
misfortune
the latter

▲ **Selon le narrateur, que pensent les gens de leur vie ?**

Il nous apparaît donc souvent comme manifeste que certains parmi nous *jouissent davantage* des **biens** de ce monde sans pour cela mériter leur bonne fortune plus que d'autres moins *favorisés* par le *destin*.

enjoy/more

favored/fate

▲ **D'après le narrateur, comment le destin joue-t-il un rôle dans notre vie ?**

Voilà certes une des raisons pour lesquelles les hommes se battent constamment entre eux. Et, sans qu'il s'en doute,[1] l'homme aggrave ainsi son malheur. Car je voudrais bien que l'on me *nomme* ici-bas un pauvre *bougre* qui fût réellement plus heureux que les passants qu'il *croise*, à moins que ce ne soit précisément celui qui sache se contenter de sa condition d'existence.[2] Monsieur Tardif m'apporte aujourd'hui encore une autre preuve de ce que j'avance.

    Je connais bien l'homme dont je vais vous raconter l'histoire ; l'histoire dont le **dénouement** *faillit tourner* au tragique.

(here) show
fellow
meets

almost turned

[1] **sans qu'il s'en doute :** without his suspecting it

[2] **à moins que... d'existence :** unless it is precisely one who knows how to be satisfied with his lot in life.

Notre héros avait trois amis. Le premier possé-
25 dait une immense fortune ; au bras du second, marchait la plus belle femme du monde ; et de nombreux
enfants **gambadaient** autour du troisième, lequel ga-
gnait un assez **beau** salaire à ne pas faire *grand'chose*   *much*
— voilà ce que, du moins, *prétendait* monsieur   *claimed*
30 Tardif — puisqu'il était *fonctionnaire*.   *civil servant*

▲ **Que sait monsieur Tardif de la vie de ses trois amis ?**

Quant à mon camarade, lui, le pauvre ! sans doute   *as for*
vivait-il plutôt aisément, mais pour y *arriver*, il devait   *manage*
abattre de longues journées de travail. Aussi **mau-**
gréait-il constamment :
35   — Ah ! que je ne suis millionaire comme Joseph !
Voilà qui me rendrait heureux. Et le *veinard*, il n'a   *"lucky duck"*
même pas eu à se **salir** les mains pour acquérir sa
richesse et ses **biens**. *Héritage* de famille ! Pourquoi   *inheritance*
mon ami Joseph naquit-il sous un *toit* d'argent et moi,   *roof*
40 sous un toit de **chaume** ?... Ah ! comme la vie est injuste !

▲ **Pourquoi monsieur Tardif est-il jaloux de son ami**
   Joseph ?

La destinée, pourtant, ne l'avait pas si mal *par-*   *endowed*
tagé. Il ne s'était pas vu accorder le gros lot,[3] *soit !* Mais   *so be it!*
il gagnait tout de même fort honorablement sa vie ; et,
45 *par surcroît*, ne jouissait-il pas de la présence d'une   *in addition*
douce et tranquille épouse, attentive et fidèle ?

▲ **Selon le narrateur, quelle attitude monsieur Tardif**
   devrait-il avoir envers sa vie ?

Le malheureux trouvait cependant le moyen de
s'en plaindre :
          — Hélas !... *soupirait*-il, elle n'a jamais pu me   *sighed*
50 donner d'enfants. Et moi, j'adore les enfants. Je ne
m'étais marié qu'*en vue d*'avoir des enfants. Des en-   *in order to*
fants ! voilà qui *adoucirait* mes peines ! Ah ! comme   *would ease*
Jérôme doit être heureux quand il rentre du *parlement*,   *Parliament*
le soir, et qu'il se retrouve au milieu *des siens*. De   *his loved ones*
55 beaux petits qui lui **grimpent** sur les *genoux* et qui   *knees*
doivent lui sourire si gentiment, le *cajoler*, le caresser   *wheedle*
et le **supplier** de leur raconter de belles histoires ! Pourquoi faut-il que ce soit ma femme qui fût stérile et non

---

[3] **Il... lot** : He had not won the largest amount in the lottery.

pas la sienne!... Ah! comme le sort se montre **ingrat**
envers moi!

▲ **Selon monsieur Tardif, en quoi consiste le bonheur
de son ami Jérôme?**

Et monsieur Tardif continuait de penser tout
bas : « Si, encore, elle avait pu conserver les charmes et
la beauté de Claire, épouse de mon ami Jean, ce serait
du moins une consolation. Mais non; la jeunesse a
quitté ses formes et son corps *s'est alourdi.* Que je suis   *has gotten heavier*
malheureux! Pourquoi la vie m'a-t-elle si peu *gâté!...* »   *spoiled*

▲ **Pourquoi monsieur Tardif est-il jaloux de son ami
Jean?**

Un jour — triste jour, s'il en fut un — monsieur
Tardif, n'en pouvant plus de souffrir,[4] quitta son
épouse *éplorée* et il résolut de s'en aller *par* le monde   *in tears/out in*
pour *tenter* une meilleure solution.   *try*

Monsieur Tardif voyagea ainsi pendant plus
d'une année à la **poursuite** du *bonheur.* Malheureuse-   *happiness*
ment, il ne le trouva point. Au contraire, l'implacable
voix du *remords* **hantait** son cœur chaque jour davan-   *remorse*
tage *vu le fait qu'*il avait abandonné sa femme et son   *because*
pays sans avoir, pour cela, obtenu des dieux un traite-
ment plus favorable.

Il revint donc dans sa ville.

▲ **Pourquoi monsieur Tardif part-il? À votre avis, que
fera-t-il maintenant?**

Avant que de se résigner cependant à venir im-
plorer le pardon de sa femme *afin de* pouvoir retourner   *in order to*
vivre *à ses côtés,* malheureux comme les pierres,[5]   *by her side*
monsieur Tardif ferait tout de même une dernière
expérience.   *experiment*

▲ **Quelle expérience pourrait-il faire?**

Pour éviter d'avoir à attendre tristement la mort
auprès de son épouse — car ce chevalier de la triste
figure[6] en était presque déjà *rendu* à vouloir mourir —   *led*
il **se rendrait** chez l'un et l'autre de ses trois amis afin

---

[4] **n'en... souffrir** : unable to take it any longer

[5] **malheureux... pierres** : (lit., sad as stones): very sad

[6] **chevalier... figure** : sad-faced nobleman/soldier; may be a pun of the drinking song « Cheva-
liers de la table ronde », in which everyone is happy.

d'obtenir d'eux le secret de leur bonne fortune. Il s'en
fut donc d'abord chez le premier. Et voici la réponse
90 qu'il obtint de Joseph.

« Mais mon cher, tu m'envies ? Alors, tu n'es
qu'un **sot** car je ne suis pas heureux. Moi, j'aurais quelque excuse à désirer être dans ta peau ;[7] toi, tu n'en as   *burst*
aucune à *crever* d'envie d'être dans la mienne. Tu crois
95 que mon argent t'apporterait la joie ?... Imbécile !
Donne-moi ta femme et je te fais cadeau de tous mes
biens. Si elle consent à me suivre, pauvre homme
comme Job,[8] je ne désirerai rien d'autre sur la terre.

▲ **Que Joseph propose-t-il de faire avec monsieur
   Tardif ?**

Tu n'as peut-être pas d'enfants mais moi, c'est **pis,** je
100 suis seul au monde. Et c'est la richesse qui a fait de moi
le vieux garçon solitaire que tu trouves devant toi. À
toutes celles que j'aimais et qui prétendaient m'aimer,
je déclarais un jour que j'étais ruiné et, chose étrange,
cela *suffisait* pour qu'elles me découvrent **subitement**   *was enough*
105 mille défauts qui les *éloignaient* toutes de moi. Je n'ai   *drove away*
pas non plus d'amis car je leur jouais à tous la même
comédie et pas un seul ne s'offrit à me venir en aide.
Donne-moi ta femme, ingrat ! et si, me sachant pauvre,
elle accepte de s'attacher à moi, je te **cède** tous mes
110 **biens.** Sache cependant qu'ils ne t'apporteront pas le
bonheur ! »

▲ **Quelle est l'attitude de Joseph envers sa propre vie ?**

Déçu, notre homme visita le deuxième.   *disappointed*

▲ **Pourquoi monsieur Tardif est-il déçu ?**

Ce dernier lui **confia :**
« Mais, pauvre idiot ! tu trouves ma femme jolie ?
115 Plus jolie que la tienne ? Tu préfères Claire à Hélène ?
Comme cela tombe bien,[9] cher ami. Moi, c'est justement ton épouse que j'aime. Je te **cède** donc la mienne
de grand cœur si, en retour, tu me fais **don** de la tienne.
À la condition *toutefois* que nos femmes ne **soulèvent**   *however*
120 aucune objection. Par tous les moyens je cherche à **me**

---

[7] **dans ta peau :** in your shoes (lit., skin)

[8] **pauvre... Job :** (Biblical character) God allowed Satan to take everything from Job to test his
   faith in God: his children, his livestock, and so on.

[9] **Comme cela tombe bien :** This comes at the right time.

débarrasser de Claire, et je n'y arrive pas. Tu me sauves la vie, mon cher. Seulement, comme tu es mon copain, je veux **te mettre en garde :** ma femme est une femme qui coûte cher.

▲ **Qu'est-ce que Jean propose de faire ?**

5 Il me faut *jouer franc-jeu* avec toi. Tous les après-midi,   *speak frankly*
elle prend le « thé » au restaurant ; toutes ses soirées ?
elle les passe au théâtre (concert, drame ou ciné) ; la
majeure partie de ses nuits ? elle fait le tour des caba-
rets. Et elle se montre aussi à tous les bals sous un jour
10 différent ; ce qui implique évidemment plusieurs vi-   *fashion designers*
sites chez les *couturiers !* Quant à sa beauté, mon vieux
Tardif, il ne faut pas *te frapper* non plus. Son beau   *worry*
chignon ? c'est un faux chignon ; son *teint* de rose ?   *complexion*
question de *pommades.* Sans **maquillage,** il alterne   *creams*
15 selon les jours, du jaune au vert ; et lorsqu'elle sourit,
ces belles dents blanches qui illuminent sa jolie
bouche... enfin, je n'insiste pas ; son buste *élancé ?...* de   *shapely*
nos jours, nous, les hommes, il faut *nous méfier* des   *be suspicious*
brassières,[10] mon cher, il faut nous méfier des bras-
20 sières ! »

▲ **Quelle image Jean peint-il de sa femme ?**

Monsieur Tardif **s'enfuit** à toutes jambes[11] avant
d'apprendre la *suite* car il ne désirait absolument pas la   *rest*
connaître. Imaginez que, par hasard, Jean n'eût pas
encore terminé l'énumération des *défauts* physiques   *faults, shortcomings*
25 de sa femme ? Ô horreur !... Il préféra *en rester là...* et   *leave it at that*
comme je le comprends !

▲ **Pourquoi monsieur Tardif réagit-il de cette façon ?**

Désespéré, il **accourut** chez Jérôme, son troisième
ami.

▲ **Que monsieur Tardif pourrait-il apprendre de la vie
de famille de Jérôme ?**

Une petite *bonne* le fit passer au salon. Alors, voilà   *maid*
qu'il entendit des cris, des pleurs, des vagissements, un
vacarme infernal venant de la salle à manger, puis il   *uproar*

---

[10] **brassières :** A Canadianism ; the French equivalent of "brassiere" ("bra") is **un soutien-gorge.**
[11] **à toutes jambes :** as fast as his legs could carry him

reconnut la voix du bienheureux[12] père de famille qui
hurlait :

155   — Ah! ça suffit, hein? Vous voulez que je vous
donne la *fessée,* oui? Je ne connais pas d'enfants plus   *spanking*
détestables que vous! *Fichez-moi la paix!* On n'a pas   *Leave me alone!*
idée de mettre au monde des **gamins** de votre espèce.
Avoir su,[13] je m'y serais pris autrement[14] avec votre
mère!... La paix, je veux la paix! On m'attend au salon.

160   Jérôme vint trouver le visiteur et la première
parole qu'il prononça fut celle-ci :   *(spoken) word*

    — Excuse-moi mon cher Tardif, mais que veux-
tu c'est l'ennui d'être *veuf!*   *widower*

    Notre envieux ne voulut pas en savoir davan-
165 tage : il *prit congé* **sur-le-champ.**   *left*

▲ **Que découvre monsieur Tardif chez son ami Jérôme?**

    Honteux et confus, il *réintégra le logis familial.*   *returned home*

▲ **Pourquoi monsieur Tardif est-il honteux et confus?**

Heureusement pour lui, sa fidèle épouse sut lui pardonner sa faiblesse et, croyez-le ou non, monsieur Tardif vient de m'apprendre à l'instant même qu'il est
170 aujourd'hui aussi heureux qu'un homme *puisse l'être.*   *can be*

▲ **À votre avis, pourquoi monsieur Tardif est-il
heureux?**

    Le même phénomène se produit aussi pour
l'amour.

▲ **De quel phénomène le narrateur parle-t-il?**

    « Pourquoi les amours[15] des autres nous parais-
sent-elles toujours plus belles que les nôtres? deman-
175 dait un jour Léopold Marchand à la grande Colette :[16]

    — Parce que nous comparons, répondit-elle,
l'envers de nos amours avec **l'endroit** des amours des   *the wrong side*
autres. »

---

[12] **bienheureux** : fortunate, blessed (note the sarcasm in Dagenais' choice of this word to
describe the father)

[13] **Avoir su** : (Canadianism) = **Si j'avais su**

[14] **je m'y... autrement** : I would have gone about it differently

[15] **amours** : can be feminine when used in the plural

[16] **Colette** : See **Notes sur l'auteur** on p. 1; Léopold Marchand collaborated with Colette on
several of her novels.

▲ À votre avis, que voudrait dire Colette par cette
dernière phrase?

Ainsi sommes-nous tous faits! Et ce conte que je   *thus*
finis ne changera personne. Et l'on se croit intelligent!
Pour ma part, je l'*avoue* simplement, je trouve vrais les   *admit*
mots : « Ah! mon Dieu! que c'est bête un homme!... »
mais à la condition qu'on me permette d'ajouter de
mon cru[17] une autre vérité à cette jolie chanson:
     « Hélas aussi! que les femmes sont *sottes*! »   *silly*

▲ Quelles dernières observations le narrateur fait-il?
Êtes-vous d'accord?

Récapitulation

Lignes 1–66
1. D'après le narrateur, pourquoi les hommes se battent-ils?   2. Que
possèdent les trois amis de monsieur Tardif?   3. Pourquoi monsieur
Tardif se plaint-il constamment? Qu'est-ce qui lui manque?   4. Comment s'appellent les trois amis de monsieur Tardif?   5. Pourquoi est-ce
que sa femme ne lui plaît plus?

Lignes 67–140
6. Que fait monsieur Tardif pour trouver le bonheur? Le trouve-
t-il?   7. À qui décide-t-il de parler avant d'abandonner sa recherche du
bonheur?   8. Joseph est-il vraiment heureux? Pourquoi ou pourquoi
pas?   9. Comment Joseph mettait-il à l'épreuve *(put to the test)* l'amitié
de ses amis? Quel en était le résultat?   10. Quel échange Joseph et Jean
offrent-ils de faire avec monsieur Tardif? Pourquoi?   11. Au sujet de
quoi Jean prévient-il monsieur Tardif?

Lignes 141–185
12. Pourquoi Jérôme a-t-il l'air de ne pas pouvoir exercer son autorité paternelle?   13. Comment la vie de monsieur Tardif change-t-elle une fois
qu'il revient chez lui?

Somme toute

1. Résumez l'histoire (oralement ou par écrit) en vous servant des **points à
   noter.**
2. Quels adjectifs pourraient décrire le caractère de monsieur Tardif et de
   ses trois amis? Donnez des exemples du texte pour illustrer chaque
   adjectif.

---

[17] **de mon cru** : from my own thinking

3. Le mot **tardif** veut dire « qui se produit tard ». Est-ce que ce mot s'applique bien au personnage principal ? Pourquoi ou pourquoi pas ?
4. Les amis de monsieur Tardif sont-ils vraiment heureux ? Pourquoi monsieur Tardif pense-t-il qu'ils le sont ?
5. Qu'est-ce que c'est que le bonheur pour monsieur Tardif ? Comment sa vie actuelle diffère-t-elle de cet idéal ?
6. Comment monsieur Tardif réagit-il à ce que ses amis lui disent ? Pourquoi ?
7. Quelle est la décision finale de monsieur Tardif ? Comment arrive-t-il à cette décision ?

Extrapolation

1. Où monsieur Tardif aurait-il pu aller pendant son année d'absence ? Qu'a-t-il fait ?
2. À votre avis, que faisait madame Tardif pendant l'absence de son mari ?
3. Imaginez que vous êtes un(e) bon(ne) ami(e) de monsieur Tardif, et qu'il vient vous dire qu'il a l'intention de quitter sa femme pour aller chercher le bonheur. Quels conseils lui donnerez-vous ?
4. Le narrateur dit : « ...ce conte que je finis ne changera personne... ». Que veut-il dire par là ? Êtes-vous d'accord ? Quelle leçon peut-on tirer de cette histoire ?
5. Dans le dernier paragraphe (l. 179 – 185), le narrateur perçoit-il correctement le caractère des hommes et des femmes dont il vient de parler ? Expliquez.
6. À votre avis, pourquoi les gens ne sont-ils pas satisfaits de leur vie ? Pourquoi imaginent-ils que celle des autres est meilleure ?
7. Le narrateur dit que c'est une histoire qui aurait pu tourner au tragique. Écrivez un dénouement tragique en imitant le style de Dagenais.
8. Écrivez une nouvelle fin de l'histoire où vous raconterez ce qui arrive quand monsieur Tardif accepte une des offres de ses amis.
9. Imaginez « l'implacable voix du remords » (l. 74) qui parle à monsieur Tardif avant qu'il se décide à rentrer chez lui. Que lui dit-elle ? Écrivez.

Techniques de l'auteur

1. Expliquez le titre **La Vie des autres**. Résume-t-il bien l'histoire ? Pourquoi ou pourquoi pas ? Pourquoi Dagenais n'aurait-il pas choisi le titre **La Vie de monsieur Tardif** ?
2. Une des techniques de Dagenais est de faire des digressions dans lesquelles il raisonne sur des questions ou des problèmes philosophiques. Relevez certaines de ces digressions. Dans quel sens sont-elles importantes à l'histoire de monsieur Tardif ?

3. Comment la présence de l'auteur et de ses lecteurs se manifeste-t-elle dans l'histoire ? Relevez des exemples concrets. Quel est l'effet de cette technique ? Comment l'histoire aurait-elle été différente si Dagenais l'avait écrite d'une façon plus impersonnelle ?
4. Relisez les lignes 21 à 23. Comment Dagenais pique-t-il la curiosité de ses lecteurs pour l'histoire qui va suivre ?
5. Dagenais a tendance à citer d'autres auteurs ou personnalités (l. 173 – 175) (voir aussi **Le Cri,** l. 32 – 37). Qu'ajoutent ces citations à la pensée de Dagenais ?

Le Cri

Pendant que vous lisez

A. **Points à noter.** Avant de lire, considérez les points suivants. Ils vous aideront à suivre le fil de l'histoire.

— la différence que fait le narrateur entre l'homme de la ville et l'homme de la nature
— le lieu où la scène se passe
— le moment de la journée
— ce que le narrateur entend
— ce que fait le narrateur à la suite de ce qu'il entend
— la conclusion qu'en tire le narrateur

B. **Style et techniques.** En lisant **Le Cri,** remarquez les éléments suivants :

1. comment Dagenais montre son attitude envers la nature — vocabulaire, images, comparaisons, et ainsi de suite
2. les digressions que fait Dagenais et leur rôle dans la narration

C. **Stratégies de lecture.** Étudiez la stratégie suivante et, pendant que vous lisez **Le Cri,** essayez de la mettre en pratique.

Le sens de certains mots peut être déterminé facilement par le contexte. Comme il a été fait dans **La Vie des autres** (voir p. 56), certains mots de ce genre sont accentués dans **Le Cri.** Essayez d'en déterminer le sens pendant que vous lisez.

Vous est-il déjà arrivé de camper seul sur les **bords** d'un grand lac? Si vous n'avez pas encore tenté l'expérience, suivez mon conseil : ne tardez pas à le faire.

▲ **Qu'est-ce que le narrateur nous conseille de faire?**
   À votre avis, pourquoi?

5 Au contact de la nature, l'homme solitaire *prend* pleinement *conscience* de lui-même. *Quoi qu'*on pense et quoi qu'on dise, la forêt civilise l'homme beaucoup plus que ne le fait la cité.

becomes aware/ whatever

▲ **Que pensez-vous de cette affirmation?**

La cité *ronge* la vie de l'homme ; elle est avare du temps qui *s'écoule* et elle le *gobe* avant même que l'homme en 10 ait eu la simple vision. Elle tue *parfois* même le présent et tourne notre regard vers les images mortes du passé. Trop souvent, hélas! La cité nous oblige à ne pouvoir regarder qu'*en arrière.*

gnaws
passes/gulps down
sometimes

back, backward

▲ **Quel est l'effet de la ville sur l'homme? À votre**
   avis, pourquoi la ville produirait-elle cet effet?

Au contraire, le temps joue en la faveur de celui 15 qui *se réfugie* auprès de la grande nature.
     Jour et nuit, continuellement *en éveil*, elle jette l'homme dans un *corps-à-corps* perpétuel avec le divin mystère de l'instant qui passe.

seeks refuge
awake
hand-to-hand combat

La Nature s'accorde avec le Temps pour inspirer à l'homme le grand *bienfait* de vivre !   *benefit*

Chaque fois que j'ai pu **m'évader** de la ville — et veuillez croire[1] que je cherche à provoquer l'occasion le plus souvent possible — ces réflexions me sont venues à l'esprit. Tout ce que la nature nous fait voir ou entendre **entretient** un rapport constant entre notre sensation de *vivre* et la Vie elle-même.   *living*

Parmi les fleurs sauvages et les *fougères* vertes,   *ferns*
parmi la haute *futaie* où la bête *respire*, j'apprécie — ô   *forest/breathes*
combien ! — la joie « d'être » et j'*éprouve* dans ces   *feel*
moments, la certitude que je suis pour toujours.

▲ **Que cherche le narrateur en quittant la ville ?**

Il faut connaître la forêt et la connaître bien.

Dans une conférence qu'il donnait sur la littérature, Charles Du Bos,[2] parlant de Shelley, s'exprimait en ces termes : « Shelley était un *ange*, bien qu'il n'en   *angel*
ait pas toujours été un au sens éthique du mot, un ange
dépaysé, un ange sans *attache ici-bas*, et qui gardait la   *ties/here on Earth*
nostalgie d'un pays perdu. »

Cet aspect de l'*âme* du poète que Du Bos définit   *soul*
en ces quelques lignes *empreintes* d'une mysticité pro-   *marked*
fonde et douloureuse dénote-t-il un caractère si *parti-*   *peculiar*
culier ? si exceptionnel ?

Ne sommes-nous pas tous des anges ? des anges dépaysés, et, à la vérité, sans grande attache ici-bas ? L'humanité entière ne garde-t-elle pas la nostalgie d'un pays perdu ?

▲ **Pourquoi le narrateur penserait-il que nous sommes dépaysés ?**

Le grand malheur est que l'homme ne *suspend*   *stops*
pas assez souvent sa pensée sur ces considérations. Surtout l'homme de la ville, car la cité lui **réclame** jalousement tout son temps. Et voilà pourquoi l'homme **s'enlise** *aveuglément* dans les *sables mou-*   *blindly/quicksand*
vants du désespoir et de l'*ennui*. Il ne sait plus   *boredom*
apprivoiser la vie ; comment pourrait-il donc encore   *tame*
éprouver le sentiment d'être libre ?

L'*esclave* ne vit pas : il existe. Nous sommes   *slave*
les esclaves des Temps Modernes.

---

[1] **veuillez croire** : = acceptez de croire, s'il vous plaît
[2] **Charles Du Bos** : (1882 – 1935) French writer and critic; **Shelley** : (1792 – 1822) British poet

▲ **Que pensez-vous de la description des habitants de la ville ?**

Les *connaissances* de la vie sauvage *rapprochent* l'homme de sa destinée ; elles lui font *goûter* les délices incomparables de sa condition terrestre ; elles développent et *affinent* le plaisir de tous ses sens ; elles
60 nourrissent d'une *sève* vivante les facultés de son esprit ; elles le poussent enfin, *malgré* lui, jusqu'à l'*éclaircie* lumineuse qui lui fait *entrevoir* la promesse du pays retrouvé.

knowledge/bring closer/taste

refine

sap

despite
understanding/ perceive

▲ **Pourquoi est-il important de connaître la nature ?**

△ △ △

Je *canotais* sur les eaux d'un grand lac. Le plus
65 beau lac du nord, à mon sens : le lac ObompSawin.

was canoing

▲ **D'après ce que vous avez lu sur l'auteur, où se passe l'histoire ?**

ObompSawin est un nom indien. La rumeur veut que ce nom signifie : l'Homme Allongé. *Il se peut*, en effet, que cette interprétation soit exacte. Mais je serais *porté* à croire que l'explication vient plutôt du
70 fait que sur la rive nord s'élève un haut *rocher* très escarpé dont la forme **s'apparente** étrangement à l'attitude d'un homme mort, **étendu** sur le dos, la tête rejetée en arrière, le cou *saillant* et les mains croisées sur sa **poitrine**. On raconte même que, précisément à cause de
75 la présence de ce géant colossal ainsi pétrifié dans la montagne, les Indiens *évitaient* autrefois de se montrer dans les *parages*. Ils faisaient, *paraît-il*, de longs détours pour *regagner* leurs campements afin de ne pas apercevoir le monstre de **pierre** et surtout pour
80 n'être point aperçus de lui. Il ne fallait à aucun prix troubler le sommeil du dieu !

it's possible

inclined
rock

protruding

avoided
area/(here) they say
return to

▲ **Qu'est-ce que c'est que cet Homme Allongé ? Quel est son « pouvoir » sur les Indiens ?**

Je dois *avouer* que, par les nuits claires, il est assez impressionnant de voir *se découper* sur les *flots*, *plaqués* des *rayons* blafards et transparents de la lune,
85 l'énorme silhouette de l'Homme Allongé !
Pour justifier davantage la *crainte* de nos frères indiens, j'ajouterai aussi que, lorsqu'il arrivait au ciel

admit
stand out/waves
plated/rays

fear

de *dérouler* les *rubans* de ses aurores boréales, ils *unroll/ribbons*
ondulaient presque toujours au-dessus de la tête de *rippled*
l'Homme et rarement *ailleurs*. Ce phénomène curieux *elsewhere*
ne faisait évidemment qu'**accroître** leur *frayeur*. *fright*

▲ **Pourquoi les Indiens auraient-ils eu peur de**
l'Homme Allongé?

Je canotais donc sur les eaux du lac ObompSawin.
Il devait être environ sept heures du soir. Je ne
portais qu'un maillot de bain et le soleil *chauffait* en- *warmed*
core ma peau, cuivrée par ses feux bienfaisants. Ins-
tallé à l'arrière de mon canoë, un genou posé solide-
ment sur l'écorce,[3] j'*avironnais* doucement parmi la *was rowing*
paix tranquille du *crépuscule*. *dusk*

▲ **Que fait le narrateur?**

J'étais seul... et je pensais à toutes ces choses que
je vous ai dites.
L'après-midi, j'avais marché longuement *à tra-* *through the woods*
vers bois. Des oiseaux chantaient.
Et je ne pouvais *m'empêcher* de *plaindre* mes *keep from/pitying*
semblables qui **suaient** à grosses *gouttes* derrière les *drops*
murs **surchauffés** de la ville. Je ne pouvais m'empêcher
de les plaindre d'avoir à supporter le **tintamarre** intolérable des rues : *cornes* d'automobiles, *grincements* *horns/grinding*
des roues de tramways sur les rails, **gémissements**
sinistres des sirènes, murmures vulgaires et cris
furieux!
Comme tous ces bruits artificiels devaient les
éloigner de la vie... puisque ces bruits ne *provenaient* *originated*
pas de la vie!...

▲ **Quelle émotion le narrateur éprouve-t-il envers les**
autres gens? Pourquoi? Que fait-il, lui?

Moi, je marchais sur de la **mousse** ou sur des
branches mortes. Et cela faisait un bruit doux ou un
bruit *doux-amer*... mais c'était la vie qui parlait sous *bittersweet*
mes **pas**.
Souvent je m'arrêtais. J'écoutais alors le chant des
fauvettes, des **pinsons**, ou des **rouges-gorges**. Encore des
sons vivants!
Parfois des *froufrous* agitaient les feuilles mortes *rustlings*
des *buissons* et pffft... une ou deux **perdrix** s'envo- *bushes/flew away*

---

[3] **écorce** : bark (The canoe is apparently an Indian canoe, made out of the bark of a tree.)

laient, **effarées.** *Pardi,* elles tenaient à la vie, elles · *by gosh!*
aussi !... *Tiens !* une **empreinte** dans la *boue* du sentier. · *Hey!/mud*
125 Eh ! oui, un *ours* avait passé par là. Un bon gros ours · *bear*
vivant et heureux de vivre sans doute.

De la vie ?...

▲ Quelles merveilles de la nature le narrateur
remarque-t-il ?

Si j'*effleurais* l'**écorce** d'un arbre ou la peau douce · *touched lightly*
d'une feuille, ou la frêle *tige* d'une fleur, du bout de · *stem*
130 mes doigts, je la touchais la vie.

Si je regardais à mes pieds,[4] il y avait de l'*herbe* · *grass*
verte, de l'herbe brune, et de l'herbe jaunie. Si je levais
un peu les yeux, c'étaient les arbres avec leurs branches
qui respiraient sous mon regard ; et si je rejetais ma tête
135 en arrière, j'apercevais le ciel bleu avec ses **nuages** vaga-
bonds : je touchais et je voyais la vie.

▲ Qu'est-ce qui représente la vie pour le narrateur ?

Si je respirais ?

Ah ! je ne saurais vous décrire les mille parfums de
la forêt !... odeurs enivrantes d'arbres, de fleurs, de
140 fruits, de plantes et de bêtes, comme je vous aime !... Et
vous tous, murmures des grands bois, comme vous
parlez bien à mon oreille !... Et comme c'est bon aussi
de vous goûter, beaux fruits sauvages, feuilles *amères,* · *bitter*
aigres résines, *suc* de pétales ! · *sour/juice, essence*

▲ Quels parfums et quels goûts font plaisir au narrateur ?

145 Cet après-midi-là, j'avais touché ; j'avais vu, res-
piré, entendu et goûté la Vie. L'instant qui passait,
comme je *m'en imprégnais !* Et le soir, vers sept heures · *was filled with it*
environ, alors que je canotais, comme je me sentais
vivant aussi !

150 Ai-je dit tantôt que j'étais seul ?

Je me suis trompé. Non, je n'étais pas seul. Mon
double éternel m'accompagnait depuis le matin ; il
m'avait suivi partout et comme je regardais **décroître**
les derniers rayons du jour, je dialoguais toujours avec
155 lui.

▲ Qui pourrait être ce « double éternel » ?

---

[4] **Si je regardais à mes pieds** : The narrator is looking at the ground around his feet, not *at* his feet.

△ △ △

Un cri désespéré me fit **sursauter.** Un cri étrange. Un cri que j'entendais pour la première fois. Je demeurais immobile pendant quelques instants.

Le bruit des *vagues*, seul, troublait maintenant le silence. *waves*

Intrigué, je scrutais d'un regard circulaire la surface frémissante du grand lac.

Rien. Je ne distinguais rien à travers cette *poussière* aveuglante du soleil couchant que les vagues *balayaient* en *chevauchant* les unes sur les autres. *dust* *swept/overlapping*

Soudain, le même cri *perçant déchira* à nouveau l'espace. *sharp/tore*

▲ Si vous aviez été à la place du narrateur, comment auriez-vous réagi au cri? Qu'est-ce que le narrateur va faire?

Ce cri **aigu**, à la fois lugubre et grotesque, me traversa le corps dans un **frisson** nerveux.

Il ne cessait plus de *fendre* l'air. *split*

Le vent le *soulevait*, l'élevait, l'*emportait* par cascades et l'écho le **répercutait** à gauche, à droite, dans mon dos, au-dessus de ma tête, dans ma tête. C'était un cri d'appel. Un long et sinistre cri guttural *étouffé* de rires et de *sanglots*. Un S.O.S. dément lancé là-bas, au loin sur les flots. *lifted up/carried away* *choked* *sobs*

Mais où exactement?

▲ D'après vous, qu'est-ce qui pourrait pousser ce cri?

Je me mis à avironner vivement dans la direction d'où le cri me semblait venir. Mais au-dessus d'un lac, le vent est *trompeur*. Je glissais donc sur les eaux sans trop savoir si je me dirigeais bien vers la personne qui *poussait* maintenant des *hurlements* d'**effroi**. *deceptive* *was uttering/screams*

Je dis la personne — même si je ne l'apercevais pas encore — car ces **effarantes** lamentations qui m'*écorchaient* les oreilles et me *chaviraient* l'âme étaient, à n'en pas douter, poussées par une voix humaine. *grated on* *upset*

Une femme ou un homme *se noyait* à une faible distance de moi — je l'aurais *juré* — et demandait du *secours*. *was drowning* *sworn* *help*

▲ Comment le narrateur explique-t-il ce cri?

Plus j'approchais du *but* que je ne distinguais toujours pas, plus les cris devenaient *stridents*. *spot/still* *shrill*

La panique m'**étreignait** à la gorge. J'avais le *cœur* *heavy heart*

serré. La vie d'un être humain était en danger et je ne saurais la sauver? Le temps et la nature, pour la pre-
195 mière fois, joueraient contre moi?...

En effet, je n'avais pas une minute à perdre et voilà que le soleil, me faisant face, **embrouillait** ma *vue*　*sight* par le jeu de ses mirages sur les eaux. Je désespérais de réussir mon *sauvetage* et, pourtant, l'infortuné du *sort*　*rescue/fate*
200 criait toujours avec désespoir.

▲ **Après avoir entendu le bruit, quelle est la réaction immédiate du narrateur?**

Tout à coup, à quelques cinquante pieds en avant de moi, je vis *surgir* des eaux dans un rayon transparent　*rise suddenly* de soleil un grand oiseau qui *déploya* ses longues **ailes**　*unfolded* et s'envola vers le ciel dans la brise du soir. Je le regar-
205 dai disparaître dans l'espace puis... tout **se tut.**

Ces cris humains qui m'avaient **épouvanté** à ce point avaient été poussés par cet oiseau plein de noblesse dans son vol et dont je ne connaissais pas le nom.
210 Je rentrai à mon camp.

▲ **Comment le narrateur doit-il se sentir quand il découvre qui a poussé le cri?**

△ △ △

Le *lendemain*, j'allai trouver le vieux guide qui　*next day* demeure au lac l'année longue. Je lui racontai mon aventure. Souriant avec indulgence, il m'apprit qu'un huard m'*avait joué le tour.*　*had played a trick*
215 Le cri de cet oiseau ressemble en effet à celui d'un être humain en détresse.

▲ **Qu'est-ce qu'un huard?**

Ce matin-là, je partis pour la pêche, satisfait. L'incident de **la veille** augmentait encore mes connais-sances du vocabulaire sauvage. Il m'*envahit* aussi　*overcame*
220 d'une grande tristesse, profonde d'*amertume.*　*bitterness*

Je ne pus m'empêcher de penser qu'à la ville, un tel cri n'eût fait *bouger* personne. « S'il fallait　*move* *se déranger* et chercher le pourquoi de tous les cris　*put oneself out* désespérés qui nous environnent, me dira-t-on, on
225 n'en finirait jamais!... » C'est certain. Je n'en discon-viens pas.[5] Le malheur est que, parfois il m'apparaît comme désastreux qu'on ne puisse le faire.[6]

---

[5] **Je n'en disconviens pas** : I don't dispute it.
[6] **il m'apparaît... faire** : it seems disastrous to me that it can't be done.

▲ Êtes-vous d'accord avec les observations du narrateur?

Je sais bien que tout cela peut sembler ridicule, mais qu'on veuille bien s'arrêter à y réfléchir quelques
0 instants et l'on comprendra pourquoi les hommes ne savent plus vivre.

Un jour j'ai vu un homme mourir sur le *trottoir*. Il   *sidewalk*
avait été **heurté** par une automobile. Depuis plus d'une heure, l'ambulance se faisait attendre.[7] Et personne
5 n'avait le droit de lui *porter secours*. La police s'infor-   *help*
mait auprès du chauffeur :

— Côté nord? Quelle vitesse? Lumière verte, lumière rouge?

▲ Pourquoi le narrateur mentionne-t-il l'incident de l'homme mort?

△ △ △

Ah! ce n'est pas la *règle* dans les bois. Si un   *rule*
0 homme se perd et qu'il crie, dès qu'on l'entend... on
se précipite à sa recherche. Cet après-midi-là, un cri   *hurries/in search of*
d'oiseau avait réussi à m'*affoler*.   *him/upset greatly*

En vérité, non, je ne changerai pas d'idée, la forêt civilise l'homme beaucoup mieux que ne le fait la cité.

▲ Pourquoi le narrateur dit-il qu'il ne changera pas d'idée?

Récapitulation

Lignes 1–81
1. Selon le narrateur, quelles sont les différences entre la ville et la nature?   2. Dans quel sens sommes-nous des anges selon le narrateur?   3. D'après le narrateur, comment les connaissances de la vie « sauvage » affectent-elles l'homme?   4. Où le narrateur faisait-il du canotage?   5. D'après le narrateur, d'où vient le nom du lac?

Lignes 82–155
6. À quel moment de la journée se passe l'histoire?   7. Pendant qu'il fait du canotage, à quoi le narrateur pense-t-il?   8. Qu'a-t-il fait l'après-midi?   9. Qui plaint-il et pourquoi?

Lignes 156–210
10. Qu'est-ce qu'il entend pendant qu'il fait du canotage?   11. À quoi pense-t-il immédiatement?   12. Comment réagit-il?   13. Pourquoi a-t-il des difficultés à distinguer le but vers lequel il veut se

---

[7] **se faisait attendre** : kept people waiting

diriger ? 14. Pourquoi le narrateur est-il angoissé ? Qu'est-ce qui a pu arriver ? 15. Qu'est-ce qu'il voit surgir tout à coup de l'eau ?

Lignes 211–244
16. Selon le narrateur, quelle aurait été la réaction des gens de la ville en entendant un cri pareil ? 17. Quelle conclusion le narrateur tire-t-il de son expérience avec l'oiseau ?

Somme toute

1. Résumez l'histoire (oralement ou par écrit) en vous servant des **points à noter.**
2. D'après ce texte, quelle opinion le narrateur s'est-il formée de l'homme de la ville par rapport à l'homme de la nature ?
3. Pourquoi la forêt et la nature plaisent-elles tellement au narrateur ?
4. Qu'arrive-t-il aux gens qui ne connaissent pas la nature ou qui ne s'y intéressent pas ?
5. Qu'est-ce que l'incident de l'oiseau a appris au narrateur ?

Extrapolation

1. « ...la forêt civilise l'homme... » Qu'est-ce que c'est que la civilisation ? Quelles sont les qualités d'une personne civilisée ?
2. Le narrateur dit : « L'esclave ne vit pas : il existe. Nous sommes les esclaves des Temps Modernes » (l. 54–55). À votre avis, quelle est la différence entre vivre et exister ? Êtes-vous d'accord que nous sommes des esclaves ? Dans quel sens les sommes-nous ou ne les sommes-nous pas ?
3. Ayant réagi au cri qu'il a entendu, le narrateur remarque « qu'à la ville, un tel cri n'eût fait bouger personne » (l. 221–222). A-t-il raison ? Cette remarque vous rappelle-t-elle des incidents semblables à l'époque actuelle ? Lesquels ? Pourquoi les gens de la ville ne viennent-ils pas à l'aide des gens en détresse ? Peut-on justifier cette attitude ?
4. Le narrateur termine l'histoire avec le même argument qu'il a offert au début : « la forêt civilise l'homme beaucoup plus [ou beaucoup mieux] que ne le fait la cité » (l. 6–7 ; l. 243–244). A-t-il bien défendu son idée ? Relevez des exemples pour justifier votre réponse.
5. Prenez la position opposée de celle du narrateur et expliquez pourquoi il vaut beaucoup mieux habiter la ville au lieu de la forêt.
6. Le narrateur de cette histoire nous donne plusieurs de ses idées philosophiques. Choisissez-en trois ou quatre et dites si vous êtes d'accord ou pas d'accord avec chacune de ces idées. Expliquez pourquoi ou pourquoi pas.

7. Le narrateur s'évade de la ville aussi souvent que possible en allant à la forêt. Et vous, que faites-vous pour vous évader de vos obligations? Écrivez.
8. Vous est-il déjà arrivé, comme au narrateur, d'entendre un bruit qui vous a fait très peur? Décrivez ce que vous avez ressenti et ce que vous avez fait.

Techniques de l'auteur

1. Quel vocabulaire Dagenais emploie-t-il pour exprimer son amour pour la nature et son dégoût pour la ville? Faites deux listes de mots ou expressions qui témoignent (give evidence) de cet amour et de ce dégoût.
2. Une des caractéristiques de la littérature de Dagenais est de faire des digressions. Quelles digressions fait-il dans **Le Cri**? Quel est le thème principal de l'histoire? Qu'est-ce que ces digressions ajoutent au thème principal et comment Dagenais les rattache-t-il à ce thème?
3. Étudiez le passage où l'Homme Allongé est décrit. Pourquoi Dagenais a-t-il parlé de ce rocher? Qu'est-ce que cette description contribue à l'effet que Dagenais veut produire et au message qu'il nous donne?
4. En ce qui concerne le style de Dagenais, qu'y a-t-il de différent ou de similaire dans les deux histoires **Le Cri** et **La Vie des autres**?

Guy de Maupassant

Notes sur l'auteur

Guy de Maupassant est né en 1850 au château de Miromesnil en Normandie. En 1870, il s'engage dans l'armée et participe à la guerre contre la Prusse. Après la guerre, il travaille comme employé au ministère de la Marine *(Navy)* puis celui de l'Éducation. Sa carrière littéraire ne dure qu'une dizaine d'années (1880 – 90). Elle est influencée largement par Flaubert et le groupe de Médan, un groupe de jeunes écrivains qui se réunissent chez Émile Zola à Médan près de Paris.

Auteur de plusieurs romans, Maupassant est surtout apprécié pour ses remarquables contes (plus de trois cents) et ses nouvelles (environ deux cents) qui ont tous paru d'abord dans deux journaux quotidiens, **Gil Blas** et **Le Gaulois.** Malgré leur abondance, les contes diffèrent les uns des autres par le sujet, le cadre, la longueur, la technique et l'impression laissée sur le lecteur par l'auteur. Écrivain sobre et précis, réaliste et objectif, Maupassant choisit avant tout des scènes ordinaires qu'il décrit en termes communs mais toujours avec le mot juste. Sa fascination du lugubre et du morbide, son penchant pour la mystification et ses hantises *(obsessions)* personnelles se retrouvent dans bien de ses contes. Dans **Nuit de Noël** et **La Dot,** il nous rappelle ses années dans les ministères, ses préoccupations personnelles et sa sensibilité envers les malheurs *(misfortunes)* des abandonnées qu'il prend souvent en pitié.

En 1884, il commence à avoir de fréquentes hallucinations et à souffrir de troubles nerveux. Il meurt en 1893 après une longue maladie et une tentative de suicide.

Nuit de Noël

Pendant que vous lisez

A. **Points à noter.** Avant de lire, considérez les points suivants. Ils vous aideront à suivre le fil de l'histoire.

— la période de l'année
— les intentions du narrateur
— le changement d'avis du narrateur
— ses goûts et préférences vis-à-vis des femmes
— l'apparence physique de l'invitée
— l'état physique de l'invitée
— les conséquences pour le narrateur

B. **Style et techniques.** En lisant **Nuit de Noël,** remarquez les éléments suivants :

1. comment l'organisation de l'histoire contribue à la vraisemblance des événements
2. le genre de vocabulaire dont se sert Maupassant dans ses descriptions

C. **Stratégies de lecture.** Étudiez la stratégie suivante et, pendant que vous lisez **Nuit de Noël,** essayez de la mettre en pratique.

Il est facile de déterminer le sens des mots dont l'orthographe est identique (ou presque identique) à l'anglais (par exemple, **radio, orange, conducteur, dîner**). En même temps, il est utile de pouvoir reconnaître, tout en tenant compte du contexte, les mots qui se ressemblent plus ou moins dans les deux langues. Par exemple:

— Il n'y avait personne. Le boulevard était complètement **désert.** *(deserted)*
— Elle était toute **fraîche** dans sa nouvelle robe. *(fresh)*
— **Soudain,** un grand bruit lui avait fait peur. *(suddenly)*

Les mots de ce genre sont accentués dans **Nuit de Noël.** Pendant que vous lisez, essayez d'en déterminer le sens.

« Le Réveillon ![1] le Réveillon ! Ah ! mais non, je ne réveillonnerai pas ! »

Le gros Henri Templier disait cela d'une **voix furieuse,** comme si on lui eût proposé une *infamie.*

        shameful act

Les autres, riant, s'écrièrent : « Pourquoi te mets-tu en colère ? »

Il répondit : « Parce que le réveillon m'a joué le plus sale tour du monde,[2] et j'ai gardé une insurmontable **horreur** pour cette nuit stupide de **gaîté** imbécile.

— Quoi donc ?

— Quoi ? Vous voulez le savoir ? Eh bien, écoutez :

▲ **Quelle histoire Henri Templier va-t-il raconter ?**

[1] **le Réveillon** : meal served very late at night on Christmas Eve and New Year's Eve; by extension, Christmas and New Year's Eves themselves

[2] **m'a joué... monde** : played the dirtiest trick in the world on me

Vous vous rappelez comme il faisait froid, *voici*   *two years ago*
15 *deux ans*, à cette époque ; un froid à tuer les pauvres
dans la rue. La Seine *gelait*, les *trottoirs* glaçaient les   *was freezing/*
pieds à travers les *semelles* des bottines, le monde   *sidewalks/soles*
semblait sur le point de *crever*.   *die*

J'avais alors un gros travail en train et je refusai
20 toute invitation pour le réveillon, préférant passer la
nuit devant une table. Je dînai seul ; puis je *me mis à*   *got to work*
l'œuvre. Mais voilà que, vers dix heures, la pensée de la
gaîté courant Paris, le bruit des rues qui me *parve-*   *reached*
nait malgré tout, les préparatifs de **souper** de mes voi-
25 sins, entendus à travers les *cloisons*, m'agitèrent. Je ne   *walls*
savais plus ce que je faisais ; j'écrivais des *bêtises* ; et je   *silly things*
compris qu'il fallait renoncer à l'espoir de produire
quelque chose de bon cette nuit-là.

Je marchai un peu à travers ma chambre. Je
30 m'assis, je me relevai. Je *subissais*, certes, la **mysté-**   *was feeling*
rieuse influence de la **joie** du *dehors*, et je me résignai.   *outside*

▲ **Quel effet les festivités du réveillon ont-elles sur lui ?**

Je sonnai ma *bonne* et je lui dis : « Angèle, allez   *maid*
m'acheter de quoi **souper** à deux : des *huîtres*, un   *oysters*
perdreau froid, des *écrevisses*, du jambon, des gâteaux.   *partridge/crayfish*
35 Montez-moi deux **bouteilles** de champagne ; mettez le
couvert et couchez-vous. »

Elle obéit, un peu surprise. Quand tout fut prêt,
j'endossai mon *pardessus*, et je sortis.   *overcoat*

▲ **Où pourrait-il aller ?**

Une grosse question restait à résoudre : Avec qui
40 allais-je réveillonner ? Mes amies étaient invitées partout. Pour en avoir une, il aurait fallu *m'y prendre*   *go about it*
d'avance. Alors, je *songeai* à faire en même temps une   *thought*
bonne action. Je me dis : « Paris est plein de pauvres et
belles filles qui n'ont pas un **souper** *sur la planche*, et   *on the table*
45 qui *errent* en quête d'un garçon **généreux**. Je veux être   *wander*
la Providence de Noël d'une de ces **déshéritées**.

« Je vais *rôder*, entrer dans les lieux de **plaisir**,   *prowl*
questionner, **chasser**, choisir *à mon gré*. »   *to my liking*
Et je me mis à *parcourir* la ville.   *cover*

▲ **Quelle sorte de femme pourrait l'intéresser ?**

50 Certes, je rencontrai beaucoup de pauvres filles
cherchant **aventure**, mais elles étaient *laides* à donner   *ugly*

une indigestion, ou *maigres* à geler sur un pied si elles   *skinny*
s'étaient arrêtées.

J'ai un *faible,* vous le savez, j'aime les femmes   *weakness*
nourries. Plus elles sont *en chair,* plus je les préfère.   *well-fed/chubby*
Une **colosse** me fait perdre la raison.

Soudain, en face du théâtre des Variétés, j'aperçus
un profil à mon gré. Une tête, puis, par devant, deux
bosses, celle de la *poitrine,* fort belle, celle du dessous   *humps/chest*
surprenante : un *ventre* d'*oie grasse.* J'en *frissonnai,*   *stomach/fat goose/*
murmurant : « Sacristi, la belle fille ! » Un point me   *trembled*
restait à *éclaircir :* le visage.   *clarify*

▲ **Pourquoi cette femme attire-t-elle son attention ?**

Le visage, c'est le dessert ; le reste c'est... c'est le
rôti.

Je *hâtai les pas,* je *rejoignis* cette femme errante,   *quickened my*
et, sous un bec de gaz,[3] je me retournai brusquement.   *pace/caught up*
Elle était **charmante,** toute jeune, brune, avec de grands   *with*
yeux noirs.

Je fis ma proposition, qu'elle accepta sans hésitation.

▲ **À votre avis, pourquoi la femme accepte-t-elle**
   l'invitation sans hésiter ?

Un quart d'heure plus tard, nous étions *attablés* dans   *sitting at the table*
mon appartement.

Elle dit en entrant : « Ah ! on est bien ici. » Et elle
regarda autour d'elle avec la satisfaction visible d'avoir
trouvé la table et le *gîte* en cette nuit glaciale. Elle était   *refuge*
superbe, tellement jolie qu'elle m'étonnait, et grosse à
ravir mon cœur pour toujours.   *thrill*

Elle ôta son manteau, son chapeau ; s'assit et se
mit à manger ; mais elle ne paraissait pas *en train* ; et   *in the mood*
parfois sa *figure* un peu pâle *tressaillait* comme si elle   *face/trembled*
eût souffert d'un chagrin *caché.*   *hidden*

Je lui demandai : « Tu as des *embêtements* ? »   *problems*
Elle répondit : « Bah ! oublions tout. »

▲ **Qu'est-ce qui pourrait troubler la jeune femme ?**

Et elle se mit à boire. Elle *vidait d'un trait* son   *gulped*
verre de champagne, le remplissait et le revidait encore, sans cesse.

---

[3] **bec de gaz :** 19th-century gas street lamp

Bientôt un peu de rougeur lui vint aux *joues* ; et
elle commença à rire.   *cheeks*

Moi, je l'adorais déjà, l'*embrassant* à pleine   *kissing*
90 bouche, découvrant qu'elle n'était ni bête, ni **com-**
mune, ni *grossière* comme les *filles du trottoir*. Je lui   *coarse-mannered/*
demandai des détails sur sa vie. Elle répondit : « Mon   *prostitutes*
petit, cela ne te regarde pas ! »[4]

Hélas ! une heure plus tard...

▲ **En pensant aux remarques d'Henri Templier au**
   début de l'histoire, que pourrait-il arriver
   maintenant ?

95 Enfin, le moment vint de se mettre au lit, et, pen-
dant que j'*enlevais* la table dressée devant le feu, elle se   *(here) cleared off*
déshabilla hâtivement et se glissa sous les *couvertures*.   *covers*

Mes voisins faisaient un *vacarme affreux*, riant et   *uproar/horrible*
chantant comme des fous ; et je me disais : « J'ai eu
100 *rudement* raison d'aller chercher cette fille ; je n'aurais   *really*
jamais pu travailler. »

▲ **Qu'est-ce qui rend Henri Templier content ?**

Un **profond** *gémissement* me fit me retourner. Je   *moan*
demandai : « *Qu'as-tu*, ma chatte ? » Elle ne répondit   *what's wrong*
pas, mais elle continuait à *pousser des soupirs dou-*   *sigh/painful*
105 *loureux*, comme si elle eût souffert horriblement.

Je *repris* : « Est-ce que tu te trouves indisposée ? »   *continued*

Et **soudain** elle jeta un cri, un cri *déchirant*. Je me   *piercing*
précipitai une *bougie* à la main.   *candle*

Son visage était décomposé par la douleur, et elle
110 *se tordait* les mains, *haletante*, envoyant du fond de sa   *was wringing/panting*
gorge ces sortes de gémissements sourds qui semblent
des *râles* et qui font *défaillir* le cœur.   *noisy breathing/fail*

Je demandai, *éperdu* : « Mais qu'as-tu ? dis-moi,   *bewildered*
qu'as-tu ? »

115 Elle ne répondit pas et se mit à *hurler*.   *yell*

▲ **Qu'est-ce que la femme pourrait avoir ?**

Tout à coup les voisins *se turent*, écoutant ce qui   *became silent*
se passait chez moi.

Je répétai : « Où souffres-tu, dis-moi, où
souffres-tu ? »

120 Elle balbutia : « Oh ! mon ventre ! mon ventre ! »

---

[4] **cela... pas !** : that's none of your business!

D'un seul coup je *relevai* la couverture, et j'aperçus...

Elle *accouchait*, mes amis.

    lifted

    was giving birth

▲ À votre avis, comment Henri Templier réagira-t-il
  à la suite de cette découverte ?

Alors je perdis la tête ; je me **précipitai** sur le mur que je *heurtai à coups de poing*, de toute ma force en vociférant : « Au secours, au secours ! »

Ma porte s'ouvrit ; une *foule* se **précipita** chez moi, des hommes *en habit*, des femmes décolletées, des Pierrots, des Turcs, des Mousquetaires.[5] Cette invasion m'*affola* tellement que je ne pouvais même plus m'**expliquer**.

Eux, ils avaient cru à quelque accident, à un crime, peut-être, et ne comprenaient plus.

    hit with my fists

    crowd
    in tuxedos

    drove crazy

▲ Pourquoi les voisins auraient-ils pensé qu'un crime
  avait été commis chez Henri Templier ?

Je dis enfin : « C'est... c'est... cette... cette femme qui... qui accouche. »

Alors tout le monde l'examina, dit son avis. Un *capucin* surtout *prétendait s'y connaître*, et voulait aider la nature. Ils étaient gris comme des ânes.[6] Je crus qu'ils allaient la tuer ; et je me **précipitai**, nu-tête, dans l'escalier pour chercher un vieux médecin qui habitait dans une rue voisine.

    monk/claimed/be an
      expert

▲ Pourquoi Henri Templier ne voudrait-il pas laisser
  l'accouchement aux voisins ?

Quand je revins avec le **docteur**, toute ma maison était *debout* ; on avait rallumé le gaz de l'escalier ; les habitants de tous les étages occupaient mon appartement ; quatre *débardeurs* attablés *achevaient* mon champagne et mes écrevisses.

À ma vue, un cri formidable éclata, et une laitière me présenta dans une serviette un *affreux* petit **morceau** de *chair ridée*, plissée, geignante, *miaulant* comme un chat ; et elle me dit : « C'est une fille. »

    (here) awake

    dock workers/were
      finishing off

    horrible
    flesh/wrinkled/
      meowing

▲ Quelle est l'attitude d'Henri Templier envers le
  bébé ? Comment le savez-vous ?

[5] **des hommes en habit... Mousquetaires** : Henri Templier's neighbors are in costume because they have been to a party; notice also that the **capucin** (1.137) is a person dressed as a monk.

[6] **gris... ânes** : (lit., gray as donkeys): "drunk as skunks"

Le médecin examina l'accouchée, déclara *dou-*   *uncertain*
teux son état, l'accident ayant eu lieu immédiatement
après un **souper,** et il partit en annonçant qu'il allait
m'envoyer immédiatement une garde-malade et une
155 *nourrice.*   *wet nurse*

Les deux femmes arrivèrent une heure après, ap-
portant un **paquet** de *médicaments.*   *medicine*

Je passai la nuit dans un fauteuil, trop éperdu
pour réfléchir aux *suites.*   *consequences*

160 Dès le matin, le médecin revint. Il trouva la malade assez mal.

Il me dit : « Votre femme, Monsieur... »

Je l'interrompis : « Ce n'est pas ma femme. »

Il reprit : « Votre **maîtresse,** *peu m'importe.* » Et   *it doesn't matter*
165 il énuméra les *soins* qu'il lui fallait, le *régime,* les   *care/diet*
remèdes.

Que faire ? Envoyer cette malheureuse à l'hôpi-
tal ? J'aurais passé pour un *manant* dans toute la mai-   *"clod," peasant*
son, dans tout le quartier.

▲ **Quel est le dilemme d'Henri Templier ?**

170 Je la gardai. Elle resta dans mon lit six semaines.

L'enfant ? Je l'envoyai chez des **paysans** de Poissy.
Il me coûte encore cinquante francs par mois. Ayant
payé dans le début, me voici forcé de payer jusqu'à ma
mort.

175 Et, plus tard, il me croira son père.

▲ **Qu'est-ce qui arrive à l'enfant ?**

Mais, pour comble de malheur,[7] quand la fille a
été *guérie...* elle m'aimait... elle m'aimait *éperdument,*   *healed/passionately*
la *gueuse !*   *"bitch"*

▲ **Pourquoi l'amour de la femme irriterait-il tant**
   Henri Templier ?

« Eh bien ?
180 — Eh bien, elle était devenue maigre comme un
chat de gouttière ; j'ai *flanqué dehors* cette carcasse qui   *alley cat/kicked out*
me *guette* dans la rue, se cache pour me voir passer,   *watches*
m'arrête le soir quand je sors, pour me *baiser* la main,   *kiss*
m'*embête* enfin à me rendre fou. »   *annoys*

---

[7] **pour... malheur :** to add insult to injury

▲ Bien qu'Henri Templier ait mis la jeune femme à la
   porte, pourquoi l'espionne-t-elle constamment?

   « Et voilà pourquoi je ne réveillonnerai plus
jamais. »

Récapitulation

Lignes 1 – 49
1. En quelle saison se passe l'histoire?   2. Qu'est-ce que c'est qu'un réveillon?   3. Pourquoi Henri Templier change-t-il d'avis après n'avoir
pas voulu réveillonner?   4. Pourquoi demande-t-il à sa bonne de préparer un grand dîner?   5. Pourquoi n'invite-t-il pas une de ses amies à
passer le réveillon avec lui? Comment s'y prend-il pour trouver une compagne?

Lignes 50 – 94
6. À quel genre de femme s'intéresse-t-il?   7. Comment la femme se
sent-elle pendant le dîner?   8. Qu'est-ce qu'Henri trouve de différent
chez cette femme en comparaison à d'autres filles du trottoir?

Lignes 95 – 150
9. Pourquoi la femme a-t-elle des douleurs?   10. Que fait Henri Templier quand il se rend compte que la femme est en train de donner naissance
à un enfant?   11. Comment les voisins d'Henri Templier se conduisent-
ils dans son appartement?

Lignes 151 – 186
12. Quel est l'état physique de la femme après la naissance de sa
fille?   13. Que fait Henri Templier pour la femme et l'enfant pour ne
pas être mal vu?   14. Comment Henri Templier accepte-t-il ses obligations envers la femme et l'enfant?   15. Henri Templier dit que la femme
l'aime éperdument; alors, pourquoi la met-il à la porte?

Somme toute

1. Résumez l'histoire (oralement ou par écrit) en vous servant des **points à
   noter.**
2. Comment pourriez-vous décrire le caractère et l'état d'âme (*state of
   mind*) d'Henri Templier et ceux de la jeune femme? Illustrez vos affirmations avec des exemples de l'histoire.
3. Qu'est-ce qui montre un peu la naïveté d'Henri Templier en ce qui
   concerne les femmes?

4. Discutez les attitudes changeantes d'Henri Templier envers la jeune femme. Pourquoi ses attitudes changent-elles? Relevez des exemples pour illustrer vos idées.
5. D'après ce que vous avez lu, qu'est-ce qui influence les pensées et les décisions d'Henri Templier?

Extrapolation

1. Henri Templier dit qu'il ne réveillonnera pas parce que le réveillon lui a joué « le plus sale tour du monde » (l. 8). A-t-il raison? Est-ce vraiment la faute du réveillon, ou bien sa faute à lui, ou la faute de la jeune femme? Expliquez.
2. Que pensez-vous de la jeune femme? Aurait-elle dû admettre à Henri Templier qu'elle était enceinte (pregnant) ou a-t-elle eu raison de n'en rien dire?
3. À votre avis, Henri Templier était-il obligé d'aider la jeune femme et l'enfant? Pourquoi ou pourquoi pas? Que serait-il arrivé s'il avait refusé?
4. Quelle satisfaction Henri Templier et la jeune femme cherchent-ils dans cette rencontre? Expliquez comment chaque personnage s'y prend. Lequel des deux personnages vous semble le plus coupable?
5. Si la jeune femme avait voulu parler de sa vie, qu'aurait-elle dit? Écrivez sa vie telle que vous l'imaginez.
6. Imaginez que la jeune femme écrit dans son journal intime tout ce qui lui est arrivé. Qu'écrit-elle au sujet d'Henri Templier, sa rencontre avec lui, la naissance de son enfant, et ainsi de suite?

Techniques de l'auteur

1. Étudiez l'organisation du texte. Comment Maupassant arrive-t-il à assurer la vraisemblance de cette histoire?
2. Vers la fin de l'histoire Henri Templier dit, en parlant de l'enfant : « ...Il me coûte encore cinquante francs par mois... il me croira son père... » (l. 172 – 75). Nous savons bien que l'enfant est une fille; pourquoi donc Maupassant n'utilise-t-il pas le pronom féminin pour la décrire? Qu'aurait-il voulu nous montrer?
3. Maupassant emploie souvent un langage assez terre à terre (down-to-earth), mais voulu (deliberate), comme par exemple « le monde semblait sur le point de crever » (l. 17 – 18); « un ventre d'oie grasse » (l. 60). Relevez d'autres exemples et discutez leur valeur dans le texte.
4. Quels détails montrent que **Nuit de Noël** n'est pas vraiment une histoire racontée spontanément par un homme, mais une histoire bien développée par Maupassant destinée à être lue?

La Dot[1]

Pendant que vous lisez

A. Points à noter. Avant de lire, considérez les points suivants. Ils vous aideront à suivre le fil de l'histoire.

— les nouveaux mariés
— la devise de Lebrument
— l'inquiétude du beau-père
— le jeu des nouveaux mariés
— le voyage à Paris
— le voyage en omnibus
— l'appréhension de Jeanne
— la rencontre de son cousin
— le portefeuille que porte le cousin

B. Style et techniques. En lisant **La Dot,** remarquez les éléments suivants :

1. le vocabulaire simple mais précis dont se sert Maupassant pour décrire des scènes de la vie de tous les jours
2. comment ces images vivantes contribuent au développement du caractère des personnages principaux et au suspense dans l'histoire

C. Stratégies de lecture. Étudiez la stratégie suivante et, pendant que vous lisez **La Dot,** essayez de la mettre en pratique.

Comme il a été fait dans **Nuit de Noël** (voir p. 78), certains mots dont l'orthographe ressemble plus ou moins à l'anglais sont accentués dans **La Dot.** Pendant que vous lisez, essayez d'en déterminer le sens.

Personne ne *s'étonna* du mariage de *maître*   *was surprised/title*
Simon Lebrument avec Mlle Jeanne Cordier.   *for a lawyer*

▲ **À votre avis, pourquoi est-ce qu'on ne s'étonne pas de ce mariage ?**

[1] **dot** : (pronounced [dɔt]) dowry

Maître Lebrument venait d'acheter l'étude de notaire[2]
de maître Papillon; il fallait, bien entendu, de l'argent
5 pour la payer; et Mlle Jeanne Cordier avait trois cent
mille francs liquides, en billets de **banque** et en titres au
porteur.

▲ **Pourquoi se marient-ils?**

Maître Lebrument était un beau garçon, qui avait
du chic, un chic notaire, un chic province, mais enfin
10 du chic, ce qui était rare à Boutigny-le-Rebours.

Mlle Cordier avait de la grâce et de la **fraîcheur**, de
la grâce un peu gauche et de la **fraîcheur** un peu *fagotée*;   *without taste*
mais c'était, en somme, une belle fille désirable et
fêtable.

15 La cérémonie des *épousailles* mit tout Boutigny   *nuptials*
sens dessus dessous.   *topsy-turvy*

On admira fort les mariés, qui rentrèrent cacher
leur bonheur au domicile conjugal, ayant résolu de
faire tout simplement un petit voyage à Paris après
20 quelques jours de *tête-à-tête*.   *privacy*

Il fut charmant ce tête-à-tête, maître Lebrument
ayant su apporter dans ses premiers rapports avec sa
femme une *adresse*, une **délicatesse** et un *à-propos* re-   *skill/always suitable*
marquables. Il avait pris pour *devise* : « Tout vient à   *behavior/motto*
25 point à qui sait attendre. »[3] Il sut être en même temps
patient et énergique. Le succès fut rapide et complet.

---

[2] **étude de notaire** : lawyer's office; a **notaire** draws up legal documents such as contracts, wills,
and so on, whereas an **avocat** pleads clients' cases in court.

[3] **Tout vient... attendre** : Good things come to him who waits.

▲ Qu'est-ce que Lebrument voudrait dire par sa devise?

Au bout de quatre jours, Mme Lebrument adorait son mari. Elle ne pouvait plus *se passer de* lui, il fallait qu'elle l'eût tout le jour près d'elle pour le caresser, l'embrasser, lui *tripoter* les mains, la barbe, le nez, etc. Elle s'asseyait sur ses genoux, et le prenant par les oreilles, elle disait : « Ouvre la bouche et ferme les yeux. » Il ouvrait la bouche avec confiance, fermait les yeux *à moitié*, et il recevait un bon *baiser* bien tendre, bien long, qui lui faisait passer de grands *frissons* dans le dos. Et à son tour il n'avait pas assez de caresses, pas assez de lèvres, pas assez de mains, pas assez de toute sa personne pour *fêter* sa femme du matin au soir et du soir au matin.

after
do without

caress

halfway/kiss
shivers

celebrate, honor

▲ Comment l'amour entre Lebrument et Jeanne se manifeste-t-il ?

△ △ △

Une fois la première semaine *écoulée,* il dit à sa jeune compagne :

passed

« Si tu veux, nous partirons pour Paris mardi prochain. Nous ferons comme les amoureux qui ne sont pas mariés, nous irons dans les restaurants, au théâtre, dans les cafés-concerts, partout, partout. »

Elle sautait de joie.

« Oh! oui, oh! oui, allons-y le plus tôt possible. »

Il reprit :

« Et puis, comme il ne faut rien oublier, *préviens* ton père de tenir ta dot toute prête ; je l'emporterai avec nous et je payerai par la même occasion maître Papillon. »

alert

▲ Comment Lebrument aborde-t-il le sujet de la dot ?

Elle prononça :

« Je le lui dirai demain matin. »

Et il la saisit dans ses bras pour recommencer ce petit jeu de **tendresse** qu'elle aimait tant, depuis huit jours.

Le mardi suivant, le *beau-père* et la belle-mère accompagnèrent à la gare leur fille et leur *gendre* qui partaient pour la capitale.

father-in-law
son-in-law

Le beau-père disait :

« Je vous jure que c'est imprudent d'emporter tant d'argent dans votre *portefeuille.* Et le jeune notaire souriait.

attaché case

— Ne vous inquiétez de rien, beau-papa, j'ai l'**ha-**

bitude de ces choses-là. Vous comprenez que, dans ma profession, il m'arrive quelquefois d'avoir près d'un million sur moi. De cette façon, au moins, nous *évi-*   *avoid*
tons un *tas* de formalités et un tas de *retards.* Ne vous   *bunch/delays*
70 inquiétez de rien. »

▲ À votre avis, la réponse de Lebrument soulage-t-elle
(soothe) les inquiétudes du père de Jeanne ?

L'employé criait :
« Les voyageurs pour Paris en voiture ! »
Ils se **précipitèrent** dans un *wagon* où se trou-   *car*
vaient deux vieilles dames.
75 Lebrument murmura à l'oreille de sa femme :
« C'est ennuyeux, je ne pourrai pas fumer. »
Elle répondit tout bas :
« Moi aussi ça m'ennuie bien, mais ça n'est pas à cause de ton cigare. »
80 Le train siffla et partit. Le *trajet* dura une heure   *trip*
pendant laquelle ils ne dirent pas grand-chose, car les deux vieilles femmes ne dormaient point.
Dès qu'ils furent dans la cour de la gare Saint-La-zare, maître Lebrument dit à sa femme :
85 « Si tu veux, ma chérie, nous allons d'abord déjeu-ner au boulevard : puis, nous reviendrons **tranquille-**
ment chercher notre *malle* pour la porter à l'hôtel. »   *trunk*
Elle y **consentit** tout de suite.
« Oh ! oui, allons déjeuner au restaurant. Est-ce
90 loin ? »
Il reprit :
« Oui, un peu loin, mais nous allons prendre l'omnibus. »[4]
Elle s'étonna :
95 « Pourquoi ne prenons-nous pas un fiacre ? »
Il se mit à la *gronder* en souriant :   *scold*
« C'est comme ça que tu es **économe,** un fiacre pour cinq minutes de route, six sous par minute, tu ne
te priverais de rien.   *would do without*
100 — C'est vrai », dit-elle, un peu *confuse.*   *bewildered*

▲ Quel est le rapport entre Lebrument et Jeanne ?

Un gros omnibus passait, au trot des trois che-vaux. Lebrument cria :
« **Conducteur !** eh ! conducteur ! »

[4] **omnibus** : a horse-drawn carriage used for public transportation; as opposed to the **fiacre** (l. 95), which was a private horse-drawn carriage; forerunners of the **autobus** and the **taxi,** respectively.

La lourde voiture s'arrêta. Et le jeune notaire, *poussant* sa femme, lui dit, très vite : *(pushing)*

« Monte dans l'intérieur, moi, je *grimpe dessus* *(climb on top)* pour fumer au moins une cigarette avant mon déjeuner. »

Elle n'eut pas le temps de répondre, le **conducteur** qui l'avait saisie par le bras pour l'aider à **escalader** le *marchepied*, la **précipita** dans sa voiture, et elle tomba, *(step)* *effarée*, sur une *banquette* regardant avec stupeur, par *(bewildered/seat)* la *vitre* de derrière, les pieds de son mari qui grimpait *(window)* sur l'impériale.[5]

▲ Pourquoi Jeanne est-elle effarée une fois dans l'omnibus ?

Et elle demeura immobile entre un gros monsieur qui *sentait* la pipe et une vieille femme qui sentait le *(smelled like)* chien.

Tous les autres **voyageurs,** alignés et **muets,** — un garçon épicier, une ouvrière, un **sergent** d'infanterie, un monsieur à lunettes d'or, coiffé d'un chapeau de soie aux bords énormes et relevés comme des gouttières,[6] deux dames à l'air important et *grincheux,* qui *(grouchy)* semblaient dire par leur attitude : « Nous sommes ici, mais nous valons mieux que ça », — deux *bonnes* *(nuns)* *sœurs,* une fille *en cheveux* et un *croque-mort,* — *(hatless/undertaker)* avaient l'air d'une collection de caricatures, d'un **musée** de grotesques, d'une série de *charges* de la *(burdens)* *face humaine,* semblables à ces *rangées* de *pantins* co- *(mankind/rows/* miques qu'on *abat* dans les *foires* avec des **balles.** *puppets/knock* *down/fairs/jolts/* Les *cahots* de la voiture *ballottaient* un peu leurs *were shaking* têtes, les secouaient, faisaient **trembloter** la *peau* *(skin)* flasque des joues ; et, la trépidation des roues les *abrutissant,* ils semblaient idiots et endormis. *(stupefying)*

▲ Quelles sortes de voyageurs y a-t-il dans l'omnibus ? Le « chic » mari de Jeanne n'aurait-il pas pu choisir un meilleur transport ?

La jeune femme demeurait inerte :
« Pourquoi n'est-il pas venu avec moi ? » se disait-elle. Une tristesse vague l'oppressait. « Il aurait bien pu, vraiment, se priver de cette cigarette. »

▲ Pourquoi Jeanne commencerait-elle à se sentir triste ? Pouvez-vous répondre à sa question ?

[5] **l'impériale** : the top part of a bus, stagecoach, and so on, where additional seats are found
[6] **un chapeau... gouttières** : a silk hat with the huge brim turned up in the shape of gutters

Les bonnes sœurs firent signe d'arrêter, puis elles sortirent l'une devant l'autre, *répandant* une **odeur** fade de vieille jupe.

spreading

On repartit, puis on s'arrêta de nouveau. Et une cuisinière monta, rouge, *essoufflée.* Elle s'assit et posa sur ses genoux son *panier aux provisions.* Une forte senteur d'eau de vaisselle se répandit dans l'omnibus.

out of breath
grocery basket

▲ **Qu'indiquent les allées et venues des voyageurs?**

145 « C'est plus loin que je n'aurais cru », pensait Jeanne.

Le croque-mort s'en alla et fut remplacé par un *cocher* qui *fleurait* l'*écurie.* La fille en cheveux eut pour **successeur** un commissionnaire dont les pieds exhalaient le parfum de ses courses.

coach driver/smelled like/stable

La *notairesse* se sentait mal à l'aise, *écœurée,* prête à pleurer sans savoir pourquoi.

lawyer's wife/ nauseated

D'autres personnes descendirent, d'autres montèrent. L'omnibus allait toujours par les interminables rues, s'arrêtait aux stations, se remettait en route.

« Comme c'est loin! se disait Jeanne. *Pourvu qu*'il n'ait pas eu une distraction, qu'il ne soit pas endormi! Il s'est bien fatigué depuis quelques jours. »

I hope

▲ **À votre avis, est-il possible que Lebrument se soit endormi ou qu'il ait eu une distraction?**

Peu à peu tous les **voyageurs** s'en allaient. Elle resta seule, toute seule.

▲ **Jeanne est-elle vraiment seule?**

Le **conducteur** cria :
« Vaugirard! »
Comme elle ne *bougeait* point, il répéta :
« Vaugirard! »

moved

165 Elle le regarda, comprenant que ce mot s'adressait à elle, puisqu'elle n'avait plus de voisins.

▲ **Pourquoi Jeanne ne comprend-elle pas tout de suite que le conducteur lui parle?**

L'homme dit, pour la troisième fois :
« Vaugirard! »
Alors elle demanda :
« Où sommes-nous? »
Il répondit d'un ton *bourru :*

surly

« Nous sommes à Vaugirard, *parbleu*, voilà   *"damn it"*
vingt fois que je le crie.

— Est-ce loin du boulevard ? dit-elle.

— Quel boulevard ?

— Mais le boulevard des Italiens.

— Il y a beau temps qu'il est passé ![7]

— Ah ! Voulez-vous bien prévenir mon mari ?

— Votre mari ? Où ça ?

— Mais sur l'impériale.

— Sur l'impériale ? v'la[8] **longtemps** qu'il n'y a
plus personne. »

▲ **Quelle sera la réponse de Jeanne ?**

Elle eut un geste de **terreur**.

« Comment ça ? ce n'est pas possible. Il est monté
avec moi. Regardez bien ; il doit y être ! »

Le **conducteur** devenait grossier :

« Allons, la p'tite, assez *causé*, un homme de   *said*
perdu, dix de retrouvés. *Décanillez*, c'est fini. Vous en   *clear out*
trouverez un autre dans la rue. »

Des *larmes* lui montaient aux yeux, elle insista :   *tears*

« Mais, monsieur, vous vous trompez, je vous
assure que vous vous trompez. Il avait un gros portefeuille sous le bras. »

L'employé se mit à rire :

« Un gros portefeuille. Ah ! oui, il est descendu à
la Madeleine.[9] C'est égal, il vous a bien *lâchée*, ah ! ah !   *"dumped"*
ah !... »

La voiture s'était arrêtée. Elle en sortit, et regarda,
malgré elle, d'un mouvement instinctif de l'œil, sur le   *in spite of*
toit de l'omnibus. Il était totalement **désert**.

▲ **Que suggère le conducteur pour expliquer la
disparition de Lebrument ?**

△ △ △

Alors elle se mit à pleurer et *tout haut*, sans   *out loud*
songer qu'on l'écoutait et qu'on la regardait, elle pro-   *thinking*
nonça :

« Qu'est-ce que je vais devenir ? »[10]

---

[7] **Il y a... passé !** : We passed it a long time ago!

[8] **v'la** : contraction of **voilà**

[9] **la Madeleine** : square in the center of Paris named after the church **la Madeleine** that was
built in 1764 during the reign of Louis XV

[10] **Qu'est-ce que... devenir ?** : What is going to become of me?

205 L'**inspecteur** du bureau s'approcha :
« *Qu'y a-t-il ?* »   *what's wrong*
Le **conducteur** répondit d'un ton *goguenard :*   *jeering*
« C'est une dame que son **époux** a lâchée en
route. »
210 L'autre reprit :
« Bon, ce n'est rien, occupez-vous de votre ser-
vice. »
Et il *tourna les talons.*   *turned away*

▲ **Comment l'inspecteur et le conducteur réagissent-
ils à la situation infortunée de Jeanne ?**

Alors, elle se mit à marcher devant elle, trop ef-
215 farée, trop *affolée* pour comprendre même ce qui lui   *driven crazy*
arrivait. Où allait-elle aller ? Qu'allait-elle faire ? Que
lui était-il arrivé à lui ?[11] D'où venaient *une pareille*   *such a*
erreur, un pareil *oubli,* une pareille *méprise,* une si   *oversight/*
incroyable distraction ?   *misunderstanding*
220 Elle avait deux francs dans sa poche. À qui
s'adresser ?[12] Et, tout d'un coup, le souvenir lui vint de
son cousin Barral, sous-chef de bureau à la *marine.*   *Navy*
Elle possédait juste de quoi payer la course du
fiacre ; elle se fit conduire chez lui. Et elle le rencontra
225 comme il partait pour son ministère. Il portait, *ainsi*   *like*
que Lebrument, un gros portefeuille sous le bras.

▲ **Comment se fait-il que Jeanne continue à penser
que ce n'est qu'un malentendu ?**

Elle *s'élança* de sa voiture.   *darted*
« Henry ! » cria-t-elle.
Il s'arrêta, stupéfait :
230 « Jeanne ?... ici ?... toute seule ?... Que faites-vous,
d'où venez-vous ? »
Elle *balbutia,* les yeux pleins de larmes.   *mumbled*
« Mon mari s'est perdu tout à l'heure.
— Perdu, où ça ?
235 — Sur un omnibus.
— Sur un omnibus ?... Oh !... »
Et elle lui conta en pleurant son **aventure.**

▲ **En disant que son mari est perdu, Jeanne explique-
t-elle correctement ce qui est arrivé ?**

---

[11] **Que lui... lui ? :** What had happened to him? (The **à lui** reinforces the indirect object pronoun
lui.)
[12] **À qui s'adresser ? :** To whom could she turn?

Il l'écoutait, réfléchissant. Il demanda :

« Ce matin, il avait la tête bien calme ?

— Oui.

— Bon. Avait-il beaucoup d'argent sur lui ?

— Oui, il portait ma dot.

— Votre dot ?... tout entière ?

— Tout entière... pour payer son étude tantôt.

— Eh bien, ma chère cousine, votre mari à l'heure qu'il est, doit *filer sur* la Belgique. »   *take off for*

Elle ne comprenait pas encore. Elle *bégayait*.   *stuttered*

« ...Mon mari... vous dites ?...

— Je dis qu'il a *raflé* votre... votre capital... et   *"swiped"* voilà tout. »

Elle restait debout, suffoquée, murmurant :

« Alors c'est... c'est... c'est un *misérable !*... »   *scoundrel*

Puis, *défaillant* d'émotion, elle tomba sur le *gilet*   *fainting/vest* de son cousin, en *sanglotant*.   *sobbing*

▲ **Pourquoi Henry aurait-il une réponse toute prête pour expliquer la disparition de Lebrument ?**

Comme on s'arrêtait pour les regarder, il la poussa, tout doucement, sous l'**entrée** de sa maison, et, la *soutenant* par la *taille*, il lui fit monter son escalier,   *holding up/waist* et comme sa *bonne interdite* ouvrait la porte, il com-   *maid/dumbfounded* manda :

« Sophie, courez au restaurant chercher un dé-jeuner pour deux personnes. Je n'irai pas au ministère aujourd'hui. »

▲ **En revenant à la devise mentionnée au début de l'histoire, quelle conclusion pouvez-vous en tirer ?**

Récapitulation

Lignes 1–70

1. Où Simon Lebrument et Jeanne Cordier habitent-ils ?   2. Qu'ont-ils décidé de faire au début de l'histoire ?   3. Où Jeanne et Lebrument décident-ils d'aller au bout de quelques jours ?   4. Quelle est la devise de Lebrument ?   5. Qu'est-ce que Lebrument suggère qu'ils fassent pendant leur séjour à Paris ?   6. Qu'est-ce que Lebrument veut que Jeanne demande à son père ?   8. À la gare, qu'est-ce qui inquiète le père de Jeanne ?

Lignes 71–137

8. Pendant le voyage en train, qu'est-ce qui ennuie Lebrument ?   9. Combien de temps le trajet à Paris dure-t-il ?   10. Après leur arrivée à

Paris, quelle est la première chose que Lebrument veut faire?
11. Quelle est la réaction de Lebrument quand Jeanne lui dit qu'elle voudrait bien voyager en fiacre? Comment veut-il voyager?　　12. Quand ils montent dans l'omnibus, où Jeanne s'assied-elle? Et Lebrument? Pourquoi? Qu'est-ce qu'il va faire pendant ce voyage?　　13. Comment Jeanne se sent-elle pendant ce voyage? Pourquoi?

Lignes 138–213
14. Comment l'attitude de Jeanne change-t-elle pendant que les autres passagers montent et descendent?　　15. Selon Jeanne, qu'est-ce qui aurait pu arriver à Lebrument?　　16. Quand l'omnibus s'arrête à Vaugirard, qui est dans l'omnibus avec Jeanne?　　17. Quel ton le conducteur utilise-t-il quand il parle à Jeanne?　　18. Où est Lebrument? Que dit le conducteur à son sujet?

Lignes 214–262
19. Qui est Henry Barral? Pourquoi Jeanne décide-t-elle d'aller le voir?
20. Comment va-t-elle chez Henry?　　21. Où est Henry quand Jeanne arrive chez lui?　　22. Que porte-t-il sous le bras?　　23. Pourquoi Henry est-il surpris de voir Jeanne?　　24. Comment Jeanne lui raconte-t-elle son problème?　　25. Selon Henry, qu'est-ce que Lebrument est devenu?　　26. Pourquoi Henry décide-t-il de ne pas aller au ministère?

Somme toute

1. Résumez l'histoire (oralement ou par écrit) en vous servant des **points à noter.**
2. À votre avis, quel est le personnage central de l'histoire, Lebrument ou Jeanne? Pourquoi?
3. Que pensez-vous de Jeanne et de Lebrument? Décrivez-les en relevant des exemples du texte pour justifier vos idées.
4. En ce qui concerne le voyage à Paris, qu'est-ce qui nous donne l'impression que c'est un voyage bien calculé de la part de Lebrument?
5. Pendant le voyage, nous savons ce à quoi Jeanne pense. Mais que savons-nous de la pensée de Lebrument?
6. Supposons que Lebrument ait vraiment volé la dot de Jeanne. Ayant décidé bien à l'avance de voler l'argent de la jeune femme, il était essentiel que tout marche parfaitement bien pour Lebrument. Revoyez l'histoire. Quels obstacles auraient pu l'empêcher d'accomplir son dessein *(scheme)*?

Extrapolation

1. Si vous aviez été à la place de Jeanne, à quel point seriez-vous devenu(e) soupçonneux(euse) des actions de Lebrument? Pourquoi?

Maupassant ne nous dit jamais explicitement que Lebrument a volé la dot de Jeanne. Y a-t-il d'autres explications plausibles pour la disparition de Lebrument et de la dot ?

À votre avis, comment se fait-il que Lebrument ait eu cette devise : « Tout vient à point à qui sait attendre » ?

En revenant à Boutigny, Jeanne doit penser à la façon dont elle racontera cet incident à son père. À votre avis, que dira-t-elle et quelle pourrait être la réaction de M. Cordier ?

La police mène une enquête sur la disparition de Lebrument et de la dot. Quelles questions pourrait-on poser aux personnages suivants : Jeanne, M. Cordier, Henry, le conducteur ? Commencez par créer des questions qui relèveront des faits de l'histoire (**Madame Lebrument, où habitez-vous ?**), et continuez avec des questions auxquelles les réponses seront moins évidentes (**Votre mari parlait-il souvent d'argent ?**).

Cette histoire est charmante, avec ses détails du dix-neuvième siècle, mais on ne la prendrait jamais pour une histoire moderne. Récrivez certains aspects de l'histoire de sorte qu'elle puisse avoir lieu aujourd'hui.

Quelques mois après la disparition de Lebrument, Jeanne le rencontre à Paris. Imaginez leur conversation.

echniques de l'auteur

Identifiez les thèmes principaux dans l'histoire.

Maupassant écrit d'une façon relativement simple. Il utilise très peu de langage émotionnel ou dramatique. Relevez des exemples qui, cependant, créent un suspense croissant dans cette histoire.

Maupassant utilise très souvent des répétitions et des juxtapositions. Trouvez plusieurs exemples de ces techniques. Quel effet produisent-elles ?

Étudiez les descriptions des passagers dans l'omnibus (l. 115 – 150). Quels éléments Maupassant décrit-il ? Quelle sorte de vocabulaire emploie-t-il ? Pourquoi insisterait-il sur l'odeur de ces gens ?

Dans quel sens Maupassant laisse-t-il le dénouement de cette histoire à l'imagination du lecteur ? Comment cette technique rend-elle l'histoire plus intrigante qu'elle ne l'aurait été avec une conclusion plus précise ?

8

Marcel Aymé

Marcel Aymé est né en 1902 à Joigny dans le département de l'Yonne d'une famille de six enfants dont il est le cadet. Il fait des études d'ingénieur mais il devient malade et se voit forcé de les interrompre. En 1923 il vient à Paris où il exerce divers métiers. Il est tour à tour employé de banque, figurant ("*extra*") de cinéma, manœuvre et journaliste. En 1925 il écrit son premier roman, **Brûle-bois.** Le succès du premier livre l'encourage à en écrire d'autres et en 1927 il reçoit le Prix Théophraste Renaudot pour **La Table aux crevés.** Aymé a horreur du snobisme, et quelle que soit l'invention de ses œuvres, il montre toujours un solide bon sens et un franc contact avec la nature qu'il tient de ses origines paysannes. À ce réalisme s'ajoute un esprit perspicace et un sens profond de l'humour. Aymé meurt à Paris en 1967.

Dans les deux nouvelles qui suivent, **Le Dernier** et **Rue Saint-Sulpice,** ce mélange du réel et du peu probable amuse le lecteur tout en le touchant et le laissant perplexe par les actions inattendues· et les attitudes candides des personnages principaux.

Le Dernier

Pendant que vous lisez

A. **Points à noter.** Avant de lire, considérez les points suivants. Ils vous aideront à suivre le fil de l'histoire.

— le métier de Martin
— comment il réussit dans son métier
— son attitude vis-à-vis de ses accomplissements
— ses espoirs
— la femme qu'il rencontre
— comment il change la vie de cette femme
— l'attitude des spectateurs qui regardent Martin
— la détermination de Martin
— l'état de Martin et de sa machine à mesure qu'ils vieillissent
— ce qui se passe avec sa femme
— comment il finit sa vie

B. **Style et techniques.** En lisant **Le Dernier**, remarquez les éléments suivants :

1. comment Aymé traite le passage du temps
2. comment le ton de l'histoire change à mesure qu'elle se développe

C. **Stratégies de lecture.** Étudiez la stratégie suivante et, pendant que vous lisez **Le Dernier**, essayez de la mettre en pratique.

Il arrive fréquemment de lire un passage sans faire attention aux pronoms et à leurs antécédents. Il est essentiel, cependant, de reconnaître les antécédents pour ne pas perdre le fil de l'histoire. Par exemple, il faut savoir qui parle, à qui, de qui, de quoi, où, et ainsi de suite. Étudiez le passage ci-dessous en essayant d'identifier l'antécédent de chaque pronom accentué.

« ...Et c'est la richesse qui a fait de **moi** le vieux garçon solitaire que **tu** trouves devant toi. À toutes **celles** que j'aimais et qui prétendaient m'aimer, je déclarais un jour que j'étais ruiné et, chose étrange, **cela** suffisait pour qu'**elles** me découvrent subitement mille défauts qui **les** éloignaient toutes de moi. Je n'ai pas non plus d'amis car je **leur** jouais à **tous** la même comédie et pas **un seul** ne s'offrit à me venir en aide... »

Certains pronoms sont accentués dans **Le Dernier**. L'histoire sera plus facile à lire si vous vous appliquez à identifier leurs antécédents.

Il y avait un *coureur* cycliste appelé Martin qui   *racer*
arrivait toujours le dernier, et les gens riaient de **le** voir
si loin derrière les autres coureurs.

▲ **Qui est Martin ?**

Son *maillot* était d'un bleu très doux, avec une petite   *T-shirt*
pervenche cousue sur le côté gauche de la *poitrine.*   *periwinkle/sewn/*
Courbé sur son *guidon,* et le mouchoir entre les dents,   *chest/bent/*
il pédalait avec autant de courage que le premier. Dans   *handlebars*
les montées les plus dures, il *se dépensait* avec tant de   *exerted himself*
ferveur qu'il avait une belle flamme dans les yeux ; et
chacun disait en voyant son regard clair et ses muscles
gonflés d'effort :   *swelled*
— Allons, voilà Martin qui a l'air d'avoir la
forme. C'est bien tant mieux. Cette fois il va arriver à
Tours (ou à Bordeaux, ou à Orléans, ou à Dunkerque),[1]
cette fois il va arriver au milieu du *peloton.*   *pack*

▲ **Pourquoi les spectateurs ont-ils l'espoir que Martin**
   ne sera pas le dernier ? À votre avis, va-t-il les
   décevoir ?

Tours... Dunkerque : See the map on p. 111 for the location of the cities mentioned in this
story.

Mais cette fois-là était comme les autres, et Martin arrivait quand même le dernier. Il gardait toujours l'espoir de faire mieux, mais il était un peu ennuyé parce qu'il avait une femme et des enfants, et que la
20 place de dernier ne rapporte pas beaucoup d'argent. Il était ennuyé, et pourtant on ne l'entendait jamais *se plaindre* que le *sort* **lui** eût été injuste.　　　　*complain/fate*

▲ **Quelle est l'attitude de Martin quand il perd ?**

Quand il arrivait à Tours (ou à Marseille, ou à Cherbourg), la *foule* riait et faisait des *plaisanteries :*　*crowd/jokes*
25 Eh ! Martin ! c'est toi le premier en commençant par la *queue !*　　　　　　　　　　　　　　*end*
Et **lui,** qui entendait leurs paroles, il n'avait pas même un mouvement de mauvaise humeur, et s'il *jetait un coup d'œil* vers la foule, c'était avec un　*glanced*
30 *sourire* doux, comme pour **lui** dire : « Oui, c'est moi,　*smile* Martin. C'est moi le dernier. Ça ira mieux une autre fois. » Ses compagnons de route **lui** demandaient après la course :
— Alors, comme ça, tu es content ? **ça** a bien
35 marché ?
— Oh oui ! répondait Martin, je suis plutôt content.
Il ne voyait pas que **les autres** *se moquaient de* **lui,**　*were making fun of* et quand **ils** riaient, **il** riait aussi. Même, il **les** regardait
40 sans envie *s'éloigner* au milieu de leurs amis, dans un　*go away* bruit de fête et de compliments.

▲ **Comment les gens traitent-ils Martin, et comment réagit-il ? Sa réaction vous paraît-elle raisonnable ?**

Lui, il restait seul, car il n'y avait jamais personne pour l'attendre. Sa femme et ses enfants habitaient un village sur la route de Paris à Orléans, et il **les** voyait de
45 loin en loin, *dans un éclair,* quand la course passait par　*in a flash* là. Les personnes qui ont un idéal ne peuvent pas vivre comme tout le monde, c'est compréhensible. Martin aimait bien sa femme, et ses enfants aussi, mais il était coureur cycliste, et il courait, sans s'arrêter entre les
50 étapes.[2] Il envoyait un peu d'argent chez **lui** quand il **en** avait et il pensait souvent à sa famille, pas pendant la course (il avait autre chose à faire), mais le soir, à l'étape, en *massant* ses jambes fatiguées par la longue　*massaging* route.

---

[2] **étapes :** distances between stopping points, or the stopping points themselves

▲ Comment est sa vie de famille ? À votre avis,
 peut-il continuer de cette façon sans la mettre en
 danger ?

Avant de s'endormir, Martin faisait sa prière à
Dieu et **lui** parlait de l'étape qu'il avait courue dans la
journée, sans *songer* qu'il pût abuser de sa patience. Il   *thinking*
croyait que Dieu s'intéressait aux courses de bicy-
clette, et il avait bien raison. Si Dieu ne connaissait pas
à fond tous les métiers, **il** ne saurait pas le mal qu'on a[3]   *thoroughly*
pour une *âme* présentable.   *soul*
  — Mon Dieu, disait Martin, c'est encore pour la
course d'aujourd'hui.

▲ À votre avis, que va-t-il dire à Dieu ?

Je ne sais pas ce qui se passe, mais c'est toujours la
même chose. J'ai pourtant une bonne *bécane*, on ne   *bike*
peut pas dire. L'autre jour, je me suis demandé s'il n'y
avait pas des fois quelque chose dans le pédalier. J'ai
donc *démonté* toutes les pièces, une à une, tranquille-   *took apart*
ment sans m'énerver, comme je **vous** cause. J'ai vu qu'il
n'y avait rien dans le pédalier, ni *ailleurs*. Et **celui** qui   *elsewhere*
viendrait me dire que cette bécane-là n'est pas une
bonne bécane, moi, je **lui** répondrais que c'est une
bonne bécane, une bonne *marque*. Alors ?... Bien en-   *make*
tendu qu'il y a la question de l'homme : le muscle, la
volonté, l'intelligence. Mais l'homme, mon Dieu, c'est
justement votre affaire. Voilà ce que je me dis, et c'est
pourquoi je ne me plains pas. Je sais bien que dans les
courses, il faut un dernier et qu'il n'y a pas de honte à
être le dernier. Je ne me plains pas, non. C'est plutôt
pour dire.
  Là-dessus, il fermait les yeux, dormait sans rêves
jusqu'au matin et, en *s'éveillant*, disait avec un sourire   *waking up*
heureux :
  — Aujourd'hui, c'est moi qui vais arriver le premier.

▲ À votre avis, va-t-il réussir ?

Il riait de plaisir en songeant au bouquet qu'une
petite fille allait **lui** offrir, parce qu'il serait le premier,
et aussi à l'argent qu'il enverrait à sa femme. Il **lui**
semblait lire déjà dans le journal : *Martin* enlève   *runs away with*
l'étape Poligny-Strasbourg : après une course mouve-

---

[3] **le mal qu'on a** : the trouble one has to go through

mentée, *il est* vainqueur *au sprint*. À la réflexion, il   *winner*
était peiné pour le deuxième et pour les suivants, sur-   *felt bad*
tout le dernier qu'il aimait déjà, sans **le** connaître.

    Le soir, Martin arrivait à Strasbourg à sa place
95 habituelle, parmi les rires et les plaisanteries des spectateurs. Il était un peu étonné, mais *le lendemain*, il   *the next day*
attaquait l'étape suivante avec la même certitude
d'être vainqueur. Et chaque matin, chaque départ de
course, voyait *se renouveler* ce grand miracle d'espé-   *be revived*
100 rance.

▲ **Que pensez-vous de l'attitude de Martin ?**

△ △ △

    À *la veille* de la course Paris-Marseille, le bruit   *the day before*
courut dans les milieux cyclistes de la capitale que
Martin *ménageait* au public une surprise éclatante, et   *was preparing*
cinquante-trois journalistes vinrent aussitôt l'inter-
105 viewer.

    — Ce que je pense du théâtre ? répondit Martin.
Un jour que j'étais de passage à Carcassonne, je me suis
trouvé de voir jouer *Faust*[4] au théâtre municipal, et j'ai
eu de la peine pour Marguerite. Je dis que si Faust avait
110 su ce que c'est qu'une bonne bécane, **il** n'aurait pas été
en peine d'employer sa jeunesse, et il n'aurait pas   *at a loss*
pensé à *faire des misères* à cette fille-là qui aurait sûre-   *give a hard time*
ment trouvé à se marier. Voilà mon avis. Maintenant,
vous **me** demandez qui est-ce qui sera le premier à
115 Marseille, et je vais **vous** répondre, sans me cacher de
rien : C'est **moi** qui gagnerai la course.

▲ **Que pensez-vous des questions que les journalistes**
   posent à Martin et de sa réponse ?

    Comme les journalistes **le** quittaient, il reçut une
lettre parfumée d'une nommée Liliane qui **l'**invitait à
prendre le thé. C'était une femme de mauvaise vie,
120 comme il y **en** a trop et qui n'avait pas plus de morale
que de *conduite.* Martin se rendit chez **elle** sans   *behavior*
méfiance, au sortir du vélodrome où il avait fait quel-   *suspicion*
ques tours pour vérifier sa machine. Il tenait à la main
une petite valise contenant ses effets de cycliste.

---

[4] **Faust** : hero of several medieval legends, an old philosopher who sells his soul to the devil in
  exchange for knowledge and power; theme of **Dr. Faustus** by Christopher Marlowe (1564–
  93), a dramatic poem by Goethe (1749–1832), and an opera by Charles Gounod (1818–93)
  based on Goethe's poem

▲ **Chez qui Martin est-il invité? À votre avis, pourquoi s'intéresse-t-elle à Martin?**

Il parla des courses, de la meilleure tactique, des *soins* qu'il fallait prendre de sa bécane et de sa personne. La mauvaise femme **lui** posait des questions *perfides* :

— Comment s'y prend-on[5] pour faire un massage, monsieur Martin?

Et tout en disant, elle *tendait* la jambe pour qu'il **la** prît. Et Martin prenait bonnement cette jambe de *perdition*, non plus *ému* que si c'eût été **celle** d'un coureur, expliquant avec tranquillité :

— Vous massez comme **ça**, en remontant. Avec les femmes, n'est-ce pas, c'est difficile, parce qu'il y a du *mou* sur le muscle.

— Et en cas d'accident, comment feriez-vous pour **me** porter?

Elle lui posait bien d'autres questions, mais on ne peut pas répéter tout ce que cette créature disait. Martin répondait avec *candeur*, bien loin de soupçonner ses vilaines intentions.

care

sneaky

held out

wickedness/moved

flab

purity, innocence

▲ **Qu'est-ce que les réponses de Martin aux questions de la femme indiquent de son caractère?**

Elle eut la curiosité de savoir ce que contenait sa valise, et il ne fit point de difficulté à **lui** montrer son maillot, sa *culotte*, et ses souliers de coureur.

— Ah! monsieur Martin, dit-elle, comme j'aimerais **vous** voir habillé en coureur. Je n'**en** ai jamais vu de tout près.

— Puisque **ça vous** fait plaisir, répondit-il, je veux bien. Je vais passer dans la chambre à côté, pour le respect.

Lorsqu'il revint, il **la** trouva *vêtue* d'un costume plus léger encore que **le sien**, et dont on aime mieux *s'épargner* la description.

shorts

dressed

spare

▲ **D'après ce que vous savez du caractère de Martin, comment réagira-t-il au costume de la femme?**

Mais Martin ne *baissa* même pas les yeux. Il regarda l'impudente avec un air sérieux, et dit en hochant la tête :

— Je vois que c'est votre idée de faire aussi des

lowered

[5] **Comment s'y prend-on** : How does one go about it

160 courses de bicyclette, mais je **vous** parlerai franchement. Le métier de coureur cycliste, à mon avis, ne
convient pas aux femmes. Question de jambes, **les**   *suit*
vôtres arriveraient à *valoir* **les miennes,** ce n'est pas ce   *(here) to equal*
qui **m'**inquiète. Mais les femmes ont des poitrines et
165 quand on roule deux ou trois cents kilomètres, c'est
lourd à porter, Madame. Sans compter qu'il faut
penser aux enfants; il y a **ça** aussi.

▲ **Comment Martin se conduit-il malgré les actions**
    suggestives de la femme? À votre avis, va-t-il être
    séduit?

Liliane, touchée par ces paroles de sagesse et d'innocence, comprit enfin combien la vertu est aimable.
170 Elle se prit à détester ses *péchés*, et il y **en** avait beau-   *sins*
coup, puis elle dit à Martin en versant des *larmes* bien   *tears*
douces :
        — J'ai été *folle*, mais à partir d'aujourd'hui, c'est   *foolish*
bien fini.

▲ **À votre avis, qu'est-ce que Liliane fera à partir de**
    ce moment?

175   — Il n'y a pas de mal,[6] dit Martin. Maintenant
que **vous m'**avez vu en maillot, **je** vais aller me rhabiller
à côté, pour le respect. Pendant ce temps-là, vous **en**
ferez autant et vous ne penserez plus à *courir.*   *running, racing*

▲ **Quel pourrait être le double sens du mot « courir »?**

Ainsi firent-ils,[7] et Martin, emportant les béné-
180 dictions de cette pauvre fille à qui il rendait l'honneur
et la joie de vivre en paix avec sa conscience, *gagna* la   *reached*
rue. Les journaux du soir publiaient son portrait. Il
n'**en** ressentit ni plaisir, ni *orgueil*, n'ayant pas besoin   *pride*
de tout ce bruit pour espérer. Le lendemain matin, *dès*   *from*
185 la *sortie* de Paris, il prit la place de dernier et **la** con-   *exit*
serva jusqu'au bout. En entrant à Arles, il apprit que ses
concurrents étaient arrivés à Marseille, mais il ne ra-   *competitors*
lentit pas son effort. Il continuait à pédaler avec toutes
ses forces et, au fond de son cœur, bien que la course
190 fût terminée pour **les autres,** il ne désespérait pas tout à
fait d'arriver le premier. Les journaux, furieux de s'être
trompés, **le** traitèrent de fanfaron[8] et **lui** conseillèrent

---

[6] **Il n'y a pas de mal** : No harm done
[7] **Ainsi firent-ils** : And so they did.
[8] **fanfaron** : a person who brags about qualities he or she does not have

de courir « le critérium des *ânes* »[9] (jeu de mots in-   *donkeys*
compréhensible pour qui ne lit pas les journaux spor-
5 tifs). **Cela** n'empêchait pas Martin d'espérer et Liliane
d'ouvrir, dans la rue de la Fidélité, une crémerie
à l'enseigne de la Bonne Pédale, où les œufs se ven-   *called*
daient un sou moins cher que *partout ailleurs.*   *everywhere else*

▲ **Que font Martin et Liliane chacun à son tour à
partir de ce moment?**

△ △ △

*À mesure qu'*il *croissait* en âge et en expérience,   *as/increased*
Martin devenait plus ardent à la lutte, et courait
presque autant de courses qu'il y a de saints dans le
calendrier.[10] Il ne connaissait pas de repos. Venait-il de
terminer une course qu'il *s'inscrivait* aussitôt pour un   *signed up*
nouveau départ. Ses *tempes* commençaient à blanchir,   *temples*
son dos à *se voûter*, et il était le *doyen* des coureurs   *bend/senior member*
cyclistes. Mais il ne **le** savait pas et semblait même
ignorer son âge. Comme autrefois, il arrivait le dernier, mais avec un retard deux ou trois fois plus consi-
dérable. Il disait dans ses prières :
— Mon Dieu, je ne comprends pas, je ne sais pas à
quoi ça tient...[11]

▲ **Martin s'améliore-t-il avec les années? Comment
vous sentiriez-vous à sa place?**

Un jour d'été qu'il courait Paris-Orléans, il attaquait une *côte* qu'il connaissait bien, et il s'aperçut   *hill*
qu'il *roulait à plat*. Tandis qu'il changeait de *boyau* sur   *had a flat tire/tire*
le bord de la route, deux femmes s'approchèrent, et
l'une d'**elles**, qui tenait sur le bras un enfant de quelques mois, **lui** demanda :
— **Vous** ne connaissez pas un nommé Martin qui
est coureur cycliste?

▲ **Qui pourraient être ces femmes?**

Il répondait machinalement :
— C'est moi, Martin. C'est moi le dernier. Ça ira
mieux une autre fois.

___

[9] **critérium des ânes** : pun of the sporting term **critérium des as** *(aces)*, which means that a
particular sporting event will single out the best competitors

[10] **saints... calendrier** : In France, the name of a saint is associated with each day in the calen-
dar; notice, then, that Aymé is making a sarcastic reference to the number of races Martin
runs.

[11] **à quoi ça tient** : what the reason is

— Je suis ta femme, Martin.

225 Il leva la tête sans s'interrompre d'ajuster le
boyau sur la *jante*, et dit avec tendresse :   *rim*

— Je suis bien content... Je vois que les enfants
poussent aussi, ajouta-t-il en regardant le bébé qu'il   *are growing*
prenait pour l'un de ses enfants.

▲ **La réaction de Martin vous paraît-elle typique de
son caractère ?**

Son épouse eut un air *gêné*, et, montrant la jeune   *ill at ease*
230 femme qui l'accompagnait :

— Martin, dit-elle, voilà ta fille, qui est aussi
grande que **toi**, maintenant. **Elle** est mariée, et tes garçons sont mariés...

— Je suis bien content... Je **les** aurais crus moins
235 vieux. Comme le temps passe... Et c'est mon *petit-fils*   *grandson*
que tu tiens dans tes bras ?

La jeune femme *détourna* la tête, et ce fut sa mère   *turned away*
qui répondit :

— Non, Martin, ce n'est pas son fils. C'est **le**
240 **mien**... **Je** voyais que tu ne rentrais pas...

▲ **À votre avis, que fera Martin en entendant cette
nouvelle ?**

Martin retourna à son boyau et se mit à **le** *gonfler*   *inflate*
sans mot dire. Quand il se releva, il vit des larmes
couler sur le visage de sa femme et murmura :

— Dans le métier de coureur, tu sais ce que c'est,
245 **on** ne s'appartient pas... Je pense souvent à **toi**, mais
bien sûr, ce n'est pas comme quand on est là...

L'enfant s'était mis à pleurer, et il semblait que
rien ne pût apaiser ses cris. Martin **en** fut bouleversé.
Avec sa pompe à bicyclette, **il lui** souffla dans le nez,
250 disant d'une petite *voix de tête* :   *high-pitched voice*

— Tu tu tu...

Le *bambin* se mit à rire. Martin **l'**embrassa et dit   *"little guy"*
adieu à sa famille.

— J'ai perdu cinq minutes, mais je ne **les** regrette
255 pas, surtout que je peux *me rattraper* facilement. Cette   *catch up*
course-là est pour moi.

▲ **Que trouvez-vous de pathétique dans cet épisode ?**

Il remonta sur sa machine et longtemps les deux
femmes **le** suivirent des yeux dans la montée. *Debout*   *standing*

sur ses pédales, il portait le *poids* de son corps tantôt   *weight*
d'un côté, tantôt de **l'autre**.

— Comme **il** a du mal, murmurait sa femme. Au-
trefois, il y a seulement quinze ans, il *grimpait* toutes   *climbed*
les côtes rien qu'avec ses jambes, sans jamais *bouger* de   *moving*
sa *selle*.   *seat*

Martin approchait du sommet de la montée, il
allait de plus en plus lentement, et l'on croyait à chaque
instant qu'il allait s'arrêter. Enfin, sa machine se posa
sur la ligne d'horizon, il *fit roue libre* une seconde, et   *coasted*
son maillot bleu *fondit* dans le ciel d'été.   *disappeared*

Martin connaissait mieux que personne toutes les
routes de France, et **chacune** des milliers de bornes
kilométriques[12] avait pour **lui** un visage familier, ce
qui paraît presque incroyable. Depuis longtemps, il
montait les côtes à pied en *poussant* sa machine avec   *pushing*
un *halètement* de fatigue, mais il croyait toujours en   *panting*
son étoile.

— Je me rattraperai à la descente, murmurait-il.

Et en arrivant à l'étape, le soir, ou quelquefois le
lendemain, il était encore étonné de n'avoir pas la première place.

— Mon Dieu, je ne sais pas ce qui s'est passé...[13]

▲ **Qu'est-ce qui est différent dans la manière dont
Martin monte à bicyclette?**

Des *rides* profondes sillonnaient son visage   *wrinkles*
décharné qui avait la couleur des chemins de l'au-   *emaciated*
tomne, ses cheveux étaient tout blancs, mais dans le
regard de ses yeux usés brillait une flamme de jeunesse.
Son maillot bleu flottait sur son torse maigre et voûté,
mais **il** n'était plus bleu et semblait fait de *brume* et de   *mist*
poussière. N'ayant point d'argent pour prendre le   *dust*
train, il ne **le** regrettait pas. Quand il arrivait à Bayonne
où la course était déjà oubliée depuis trois jours, il
remontait en selle aussitôt pour prendre à Roubaix le
départ d'une autre course. Il *parcourait* toute la   *traveled through*
France, à pied dans les montées, pédalant en *palier* et   *level stretch of road*
dormant pendant qu'il faisait roue libre aux descentes,
ne s'arrêtant ni jour ni nuit.

▲ **Quelle est la condition physique de Martin? À
votre avis, pourquoi continue-t-il à courir?**

[12] **bornes kilométriques** : stone markers that indicate the distance between cities at one-
kilometer intervals

[13] **Mon Dieu... passé** : Martin is praying, not swearing, each time he says **mon Dieu**.

— *Je m'entraîne*, disait-il.   *I'm in training*

Mais il apprenait à Roubaix que les coureurs était
partis depuis une semaine. Il hochait la tête et murmurait en remontant sur sa bécane :

300 — C'est dommage, je l'aurais sûrement gagnée.
Enfin, je vais toujours aller courir Grenoble – Mar-
seille. J'ai justement besoin de *me mettre* un peu aux   *apply myself*
cols des Alpes.

Et à Grenoble, il arrivait trop tard, et à Nantes, à
305 Paris, à Perpignan, à Brest, à Cherbourg, il arrivait
toujours trop tard.

— Dommage, disait-il d'une petite voix *chevro-*   *trembling*
tante, c'est vraiment dommage. Mais je vais me rattraper.

310 Tranquillement, il quittait la Provence pour
gagner la Bretagne, l'Artois pour le Roussillon, ou le
Jura pour la Vendée,[14] et de temps à autre, en *clignant*   *winking*
un œil, il disait aux bornes kilométriques :

— Je m'entraîne.

▲ **Quelle est l'attitude de Martin envers le fait qu'il**
arrive en retard à toutes les courses ?

315 Martin devint si vieux qu'il ne voyait presque
plus. Mais ses amies les bornes kilométriques, et
même les plus petites qui sont tous les cent mètres, **lui**
faisaient comprendre qu'il eût à tourner à droite, ou à
gauche. Sa bicyclette avait beaucoup vieilli, **elle** aussi.
320 Elle était d'une marque inconnue, si ancienne que les
historiens n'**en** avaient jamais entendu parler. La peinture avait disparu, la *rouille* même était cachée par la   *rust*
boue et par la poussière. Les roues avaient perdu   *mud*
presque tous leurs *rayons*, mais Martin était si léger,   *spokes*
325 que les cinq ou six *restants* suffisaient à **le** porter.   *remaining*

— Mon Dieu, disait-il, j'ai pourtant la bonne bécane. Je n'ai pas à me plaindre de ce côté-là.

▲ **Pourquoi ces mots sont-ils ironiques ?**

Il roulait sur les jantes, et comme sa machine fai-
sait un grand bruit de *ferraille*, les *gamins* **lui** jetaient   *scrap iron/kids*
330 des pierres en criant :

— *Au fou ! à la ferraille !* à l'hôpital !   *to the asylum!/to the*
                                                       junkyard!
— Je vais me rattraper, répondait Martin qui
n'entendait pas bien.

Il y avait bien des années qu'il cherchait à s'en-

---

[14] **Provence... Vendée** : regions in France (see map p. 111); notice the great distances Martin
must travel to get to different races.

gager dans une course, et il arrivait toujours trop tard.
Une fois, il quitta Narbonne pour se rendre à Paris où
le départ du Tour de France[15] devait être donné dans la
semaine. Il arriva l'année suivante et il eut la joie d'apprendre que les coureurs n'étaient partis que de la
veille.

— Je vais **les** rejoindre dans la soirée, dit-il, et
j'enlèverai la deuxième étape.

Comme il *enfourchait* sa machine, au sortir de la   *got on*
porte Maillot,[16] un *camion* **le** projeta sur la *chaussée.*   *truck/road*
Martin se releva, serrant dans ses mains le guidon de sa
bécane *fracassée*, et dit avant de mourir :   *crushed*

— Je vais me rattraper.

Récapitulation

Lignes 1–54
1. Que fait Martin ?   2. Pourquoi les spectateurs se moquent-ils de lui
quand ils le voient passer ?   3. Qu'est-ce qu'il espère après chaque

[15] **Tour de France** : annual professional bicycle race begun in the early 1900s. The race, run in
June and July and beginning and ending in Paris, is organized into laps (totalling some 3,000
miles) connecting the major cities on the perimeter of France. Every racer aspires to wear **le
maillot jaune** which singles out the winner of a lap.

[16] **porte Maillot** : one of the outlets from Paris, on the far west side of the city

course?   4. À la fin d'une course, pourquoi n'y a-t-il jamais personne pour l'attendre?   5. Quand voit-il sa femme et ses enfants?

Lignes 55–116
6. Est-ce que Martin se désespère quand il ne gagne pas? Comment cherche-t-il des explications et du courage?   7. Quand Martin pense à la course suivante qu'il présume gagner, quelle émotion éprouve-t-il pour les autres coureurs?   8. Pourquoi les journalistes s'intéressent-ils à Martin?

Lignes 117–198
9. De qui reçoit-il une lettre un jour? Que contient cette lettre?
10. Quelles questions la femme pose-t-elle à Martin? Et comment Martin répond-il à ces questions?   11. Comment Martin réagit-il quand il trouve la femme à moitié déshabillée?   12. Pour quelles raisons lui déconseille-t-il de devenir coureur cycliste?   13. De quoi Liliane se rend-elle compte après ses tentatives sensuelles auprès de Martin?   14. Pourquoi les journalistes se fâchent-ils contre Martin?

Lignes 199–256
15. Comment l'attitude de Martin envers les courses change-t-elle à mesure qu'il vieillit?   16. Comment la femme de Martin le retrouve-t-elle?   17. À qui est l'enfant que sa femme tient dans les bras? Quelle est la réaction de Martin?

Lignes 257–347
18. Que remarque sa femme quand elle voit partir son mari?
19. Quelle est l'attitude de Martin vu le fait qu'il vieillit?   20. Suit-il de près les autres coureurs? Quelle est la longueur de ses retards?
21. Pourquoi les enfants qui le regardent courir à bicyclette lui jettent-ils des pierres et se moquent-ils de lui?   22. Comment la vie de Martin finit-elle?

Somme toute

1. Résumez l'histoire (oralement ou par écrit) en vous servant des **points à noter.**
2. Qu'est-ce qui montre que Martin n'est pas un bon coureur?
3. Décrivez la personnalité de Martin. Relevez des exemples du texte pour illustrer votre description.
4. Comment l'attitude et le comportement de Martin affectent-ils les personnes suivantes : les spectateurs, Liliane, sa femme, les enfants?
5. Après avoir lu l'histoire, pouvez-vous dire quelle valeur la famille de Martin a pour lui? Comment le savez-vous?

6. Le Tour de France a lieu tous les ans à la même époque. Martin arrive en retard ; de combien de temps se croit-il en retard ? En réalité, de combien de temps l'est-il (l. 334 – 40) ?

Extrapolation

1. À votre avis, pourquoi Martin n'a-t-il jamais abandonné son métier de coureur cycliste ?
2. Quand la femme de Martin lui dit « Non, Martin, ce n'est pas son fils. C'est le mien... Je voyais que tu ne rentrais pas... » (l. 239 – 40), à quelle réaction de Martin vous attendiez-vous ? Pourquoi ?
3. Si Martin avait gagné une course, comment sa vie aurait-elle changé ?
4. Le narrateur affirme que « les personnes qui ont un idéal ne peuvent pas vivre comme tout le monde » (l. 46 – 47). Dans quel sens a-t-il raison ou non ? Cette affirmation s'applique-t-elle à Martin ? Pourquoi ou pourquoi pas ?
5. Martin avait-il raison de ne jamais abandonner son rêve de gagner au moins une course ? Si oui, pourquoi ? Si non, pourquoi pas ; qu'est-ce qu'il aurait dû faire ?
6. Imaginez que vous êtes un(e) journaliste qui voudrait écrire un article sur Martin. Quelles questions pourriez-vous lui poser au sujet de sa vie, son comportement, ses attitudes envers le métier de coureur cycliste, et ainsi de suite ? Écrivez votre article en y ajoutant vos réactions à ses réponses.
7. Imaginez Martin dans une situation qui exaspérerait la personne la plus patiente. Décrivez cette situation et comment Martin y réagit.

Techniques de l'auteur

1. Quel est le thème de l'histoire ?
2. **Le Dernier** est l'histoire de la vie d'un homme. Comment Aymé nous fait-il sentir le passage du temps ? Relevez des exemples du texte.
3. Aymé introduit plusieurs passages qui, à première vue, ne semblent que des digressions. Trouvez-en des exemples. Comment Aymé en fait-il une partie intégrale de l'histoire ?
4. Relisez la première phrase. Que révèle-t-elle au lecteur ? Comment Aymé développe-t-il l'histoire à partir de cette phrase ?
5. Faites une liste de mots ou expressions qu'Aymé utilise pour nous montrer l'attitude de Martin envers la vie et son métier.
6. Quel est le ton de l'histoire ? Comment le ton change-t-il à mesure que le temps passe ? Mentionnez les incidents dans l'histoire qui reflètent ce changement de ton.

Rue Saint-Sulpice[1]

Pendant que vous lisez

A. Points à noter. Avant de lire, considérez les points suivants. Ils vous aideront à suivre le fil de l'histoire.

— le métier de M. Normat et ce qu'il vend
— le problème financier de Normat
— les excuses et les vraies raisons que donne M. Aubinard
— l'homme qui se présente au magasin
— comment Aubinard le traite
— ce qu'Aubinard fait avec l'homme
— ce qui arrive au commerce de Normat après l'arrivée de l'homme
— les raisons pour lesquelles Aubinard et Normat le laissent partir
— qui l'homme se croit être
— ce qu'il fait à la suite de ses idées quand il se promène dans les rues de Paris
— la réaction des gens qui le rencontrent
— ce que fait l'homme quand il voit les gens de l'autre côté de la rivière

B. Style et techniques. En lisant **Rue Saint-Sulpice,** remarquez les éléments suivants :

1. comment Aymé montre le changement progressif dans le caractère du personnage principal
2. comment Aymé se sert de la religion dans le développement du personnage principal pour arriver à un thème surréaliste

C. Stratégies de lecture. Étudiez la stratégie suivante et, pendant que vous lisez **Rue Saint-Sulpice,** essayez de la mettre en pratique.

En peut être problématique à cause de ses différents usages : en tant que pronom, **en** remplace des constructions avec **de**; en tant que préposition, **en** peut signifier « in », « at », « to », « by », et ainsi de suite, selon l'expression dans laquelle il se trouve.

Pour chacun des exemples qui suivent, décidez si **en** est un pronom (déterminez alors son antécédent) ou une préposition (déterminez son sens dans l'expression) :

— Et puis, poursuivit-il **en** baissant la voix, il a encore toute sa connaissance.

---

[1] **rue Saint-Sulpice** : street in southern Paris, near the medieval church **St-Sulpice** that was dedicated to St. Sulpicius, the 16th-century archbishop of Bourges

— De plus en plus, il y **en** aura comme moi, des nègres de service.

— **En** avez-vous vu, dites-moi, du sang, **en** avez-vous vu ?

— Et elle sut qu'elle détestait Berlin... Elle ne voulait pas **en** entendre
parler...

— Il lui arrive même **en** conduisant, de se tromper d'itinéraire...

— ... pas un seul ne s'offrit à me venir **en** aide.

En est accentué dans **Rue Saint-Sulpice**. Essayez d'en déterminer le
sens pendant que vous lisez.

Normat était *fabricant* d'*images de piété.* Il avait quatre mètres de *vitrine* dans la rue Saint-Sulpice et des *ateliers* de photographie donnant sur l'*arrière-cour.*	*maker/religious pictures/(shop) window/studios/ rear courtyard*

▲ **Quel est le métier de M. Normat ?**

Un matin, après avoir consulté les statistiques de la *vente,* il prit le *cornet acoustique* le *reliant* à l'atelier H.	*sales/intercom/ connecting*

— Priez M. Aubinard de descendre immédiatement au magasin.

En attendant son chef d'atelier, M. Normat inscrivit des *chiffres* sur une feuille de *papier brouillon.*	*figures, numbers/ scratch paper*

— Monsieur Aubinard, je vous ai fait appeler

pour vous communiquer les dernières statistiques de
la vente. **En** ce qui concerne le *rayon* des Christs et   *department*
celui des Saint Jean-Baptiste, elles sont mauvaises. Je
15 dirai même qu'elles sont déplorables. Dans les six derniers mois, nous avons *sorti* 47.000 Jésus-adultes   *put out*
contre 68.000 *écoulés* pendant la même période de   *sold*
l'année dernière, et le *débit* des Saint Jean-Baptiste a   *sale*
baissé de 8.500. Notez que cette *chute* verticale suit de   *decreased/fall*
20 très près l'amélioration de notre *aménagement* photo-   *set-up*
graphique où nous avons, sur vos instances, engagé de
lourdes dépenses.

▲ **Pourquoi M. Normat s'inquiète-t-il ?**

Aubinard eut un geste de lassitude qui *trahissait*   *betrayed*
des préoccupations plus hautes que celles du patron.
25 — La crise, murmura-t-il d'une voix *morne*, c'est   *gloomy*
sûrement la crise.
M. Normat, le visage *empourpré*, quitta son fau-   *flushed*
teuil et marcha sur Aubinard avec un air menaçant.
— Non, Monsieur. Il n'y a pas de crise dans le
30 commerce des objets de piété. C'est un *mensonge*   *lie*
odieux. Comment osez-vous parler de crise pour nos
spécialités, quand tous les honnêtes gens brûlent des
cierges pour la reprise des affaires et essaient de se
concilier le ciel par la présence de Notre-Seigneur ? [2]

▲ **À quoi Aubinard attribue-t-il la mauvaise vente ?**

35 Aubinard s'excusa, et M. Normat, *regagnant* son   *returning to*
fauteuil, *poursuivit :*   *continued*
— Monsieur Aubinard, vous jugerez vous-même
que votre excuse est détestable quand je vous aurai
prouvé que la maison n'a pas enregistré le moindre
40 *fléchissement* dans la vente des autres sujets. Appro-   *wavering*
chez, voyez les chiffres... *Tenez*, la *Vierge* **en** trois cou-   *Here!/Virgin*
leurs fait ses 15.000... L'Enfant Jésus part toujours
aussi régulièrement. Voyez le Saint Joseph, la Fuite **en**
Égypte, la petite sœur Thérèse... je n'invente rien, les
45 chiffres parlent d'eux-mêmes. Voilà Saint Pierre et
voilà Saint Paul. Et vous pouvez regarder *au hasard*,   *at random*
même parmi les saints plus spécialisés. Je lis ici : Saint
Antoine 2.175 l'année dernière, 2.809 cette année.
Vous voyez ?

---

[2] **brûlent... Seigneur** : burn candles to help business improve and try to gain heaven's goodwill
through the presence of our Lord

▲ **Que représentent les statistiques que Normat mentionne?**

Aubinard, *penché* sur le *fichier*, risqua d'une voix *molle* : *bent over/ledger weak*

— On dit qu'il y a une désaffection du Christ...

— Ce sont des bruits ridicules. J'ai eu l'occasion de parler l'autre jour à Gombette,[3] de la rue Bonaparte. Il m'a *laissé entendre* que le Christ n'avait jamais été aussi fort. *let know*

Aubinard *se redressa* et fit quelques pas devant le bureau du patron. *straightened up*

— Bien sûr, soupira-t-il, mais Gombette ne fait que des reproductions du Louvre, il ne travaille pas sur le vif,[4] lui... Oh! je sais bien ce que vous allez me dire : nos *procédés* photographiques sont *au point*, nous arrivons à des prix excellents et il n'y a pas de raisons pour que nos Christs ne se vendent pas comme la Sainte Vierge ou la petite Sœur, puisque nous les traitons avec les mêmes soins. Je sais... *methods/perfected*

▲ **Comment le travail de Normat diffère-t-il de celui de ses compétiteurs?**

M. Normat considéra son chef d'atelier avec une curiosité inquiète.

— *Défaut* de composition? *flaw*

— Je ne suis pas d'hier soir[5] dans le métier, protesta Aubinard, et vous avez vu ce que j'ai fait dans le Martyre de Saint Symphorien : il n'y a peut-être pas eu deux réussites comme celle-là **en** dehors de mon atelier.

— Alors?...

— Alors...

Aubinard donnait des signes d'impatience. Il explosa :

— Ce qu'il y a, c'est qu'on ne trouve plus un Christ sur la place de Paris! Fini, je vous dis, il n'y **en** a plus! Qui est-ce qui porte la *barbe*, aujourd'hui? Des *députés* ou des employés de ministère, et une douzaine de *rapins* qui ont des *gueules de voyous*. Vous cherchez un beau garçon *dans la purée*, bon. Je suppose que vous l'avez rencontré et qu'il accepte l'affaire. Vous *beard government representatives/ (pejorative) painters/(slang) scroungy faces/ (slang) hard up*

[3] **Gombette** : a competitor of Normat's

[4] **il ne travaille pas sur le vif** : he doesn't work with live models.

[5] **Je ne suis pas d'hier soir** : I wasn't born yesterday.

perdez d'abord quinze jours **en** attendant qu'il lui
vienne du *poil* au menton, et quand il a laissé pousser la   *hair*
barbe, il a l'air d'un *capucin rigoleur* ou d'un pharma-   *monk/jovial*
cien **en** *deuil*. On n'imagine pas ce qu'il peut y avoir de   *mourning*
90 *déchets...* Tenez, *rien que* le mois dernier, j'**en** ai usé   *waste/just*
six, et pour ne rien faire de *propre*. Ah! ceux qui tra-   *(here) good*
vaillent sur les *apôtres* ou sur les saintes ne connaissent   *apostles*
pas ces ennuis-là. Le vieillard est toujours le vieillard,
et les clients n'y regardent pas de trop près quand il
95 s'agit d'un apôtre ; aussi bien, il ne manque pas de petites *garces* qui sachent vous prendre des airs de   *bitches*
pucelles...   *virgins*

▲ **Quel est le problème d'après Aubinard ?**

     M. Normat *allongea une moue* ennuyée. Il n'ai-   *made a face*
mait pas que le personnel de la maison s'exprimât dans
100 un langage aussi *cru*.   *crude*
     Aubinard sentit la réprobation et reprit d'une
voix plus posée :
     — Un Christ doit être jeune, *barbu* et joli garçon.   *bearded*
Vous me direz qu'il y **en** a ? Ce n'est déjà pas si facile à
105 trouver. Mais ce qui est plus rare, et ce qui est indispensable, c'est un homme qui ait le visage distingué et
les yeux doux. Et il ne faut pas qu'il fasse *purotin* non   *destitute*
plus, vous le savez aussi bien que moi : le public n'aime
pas ce qui fait pauvre. Vous voyez que ce n'est pas
110 *commode*. Depuis le temps que je cherche un sujet   *suitable*
pareil, je finis par désespérer. Il n'**en** existe plus à Paris.   *like that*
Aussi, voyez mon dernier travail, le *Jardin des Oli-*   *Mount of Olives*
viers. C'est soigné, c'est fini, il n'y a rien à redire de ce
côté-là, mais le modèle avait des yeux de bœuf, pas plus
115 tourmentés que s'il prenait son apéritif. Avec ça, il
avait fallu lui *coller* une barbe *postiche*, trop jeune   *glue/false*
qu'il était pour **en** avoir une à lui. Résultat, mon Christ
a l'air d'un monsieur de la Comédie-Française,[6] et il n'y
a pas à dire qu'on puisse le *retoucher*. Quand le naturel   *touch up*
120 n'y est pas...

▲ **Qu'est-ce qui empêche Aubinard de faire un bon**
   travail ?

     — C'est certain.
     Et ce que je vous dis de mon Christ, je vous le
dirais aussi bien de mon Saint Jean-Baptiste, barbe
mise à part.[7]

---

[6] **Comédie-Française** : national theater in Paris where classical plays are presented
[7] **barbe mise à part** : aside from the beard

M. Normat, pensif, quitta son bureau et, les
mains derrière le dos, *arpenta* nerveusement la bou-   paced
tique. Aubinard laissait *errer* dans la vitrine un regard   wander
vague et mélancolique, rêvant au visage idéal dont le
dessin le poursuivait jusque dans son sommeil.[8] Tout à
coup, il eut une émotion violente : entre le portrait du
pape et l'effigie de la petite Sœur Thérèse, le Christ
soufflait une *buée* fine sur la glace de la vitrine.   breathed/steam

▲ À votre avis, qui est ce « Christ » ? D'où est-il venu ?

Il avait un *faux col* dur et un *chapeau mou*, mais Au-   detachable collar/felt
binard *ne s'y trompa point*; il courut à la porte d'en-   hat/wasn't wrong
trée, fit un pas sur le *trottoir* et se trouva **en** face d'un   sidewalk
homme *frileux*, *au* vêtement pauvre, mais décent ; son   chilly/with
visage résigné, aux yeux tendres et sans ironie, était
encadré d'une barbe fine. Aubinard, immobile devant   framed
la porte, le dévorait du regard.[9] L'homme sentit ce regard insistant, il baissa la tête, eut un mouvement
peureux et fit un pas pour *s'éloigner*. Aubinard fit un   back away
bond de fauve,[10] et le saisissant par le bras, lui fit *faire*   turn around
volte-face, mais l'inconnu leva sur lui des yeux si
craintifs, si douloureux, que le chef d'atelier fut *boule-*   fearful/upset
versé.
— Je vous demande pardon, *balbutia*-t-il, je vous   stammered
ai peut-être fait mal.
— Oh! non, dit l'homme d'une voix douce.
Et il ajouta, avec une modestie mélancolique :
— J'**en** ai bien vu d'autres.
— C'est vrai, murmura Aubinard, qui était encore troublé.
Ils se regardèrent **en** silence. L'homme ne semblait même pas attendre une explication, comme s'il
s'abandonnait à la suite d'une aventure nouée depuis le
commencement des temps.[11] Aubinard avait la gorge
serrée[12] par la pitié et par un *remords* inexplicable. Il   remorse
proposa timidement :
— Il fait froid, ce matin. Vous avez peut-être
froid. Si vous voulez entrer un moment.
— Oh! oui, je veux bien.

[8] rêvant... sommeil : dreaming of the ideal face whose features even haunted his sleep
[9] le dévorait du regard : stared intently at him
[10] fit un bond de fauve : leaped like a wild animal
[11] comme s'il s'abandonnait... temps : as if he were giving in to an adventure that had been going on since the beginning of time
[12] Aubinard avait la gorge serrée : Aubinard had a knot in his throat.

▲ À votre avis, pourquoi Aubinard arrête-t-il
l'homme? À quoi aurait-il pensé immédiatement?

Comme ils entraient, M. Normat jeta sur l'in-
connu un regard soupçonneux et interrogea *du fond* de   *from the back*
la boutique :
165   — Qu'est-ce que c'est?
Aubinard ne répondit pas. Pourtant, il avait entendu la question, mais il se sentait tout d'un coup
plein d'hostilité *à l'égard* du patron. Il *s'empressait*   *towards/stayed close*
autour de son *hôte* avec des *prévenances* qui irritaient   *(here) guest/*
170 M. Normat.   *courtesies*
    — Je suis sûr que vous êtes fatigué... si, si, très
fatigué. Venez vous asseoir là.
Avec précaution, il le *conduisit* vers le bureau et   *led*
le fit asseoir dans le fauteuil du patron.

▲ À votre avis, pourquoi Aubinard tient-il tellement
à mettre l'homme à l'aise?

175 M. Normat *eut un haut-le-corps*, et marchant vers son   *was startled*
bureau, répéta d'une voix *hargneuse :*   *surly*
    — Mais qu'est-ce que c'est?
    — Alors, non. Vous ne voyez pas que c'est le
Christ? jeta Aubinard *par-dessus* son épaule avec   *over*
180 indignation.
M. Normat resta *interloqué*. Puis il *dévisagea*   *dumbfounded/*
l'homme qui avait pris place dans son fauteuil et   *examined*
accorda :
    — C'est vrai. Il a une bonne tête. Mais quand
185 même, ce n'est pas une raison...
Aubinard se tenait immobile devant le fauteuil,
souriant et heureux. M. Normat, agacé, lui dit rudement :
    — Et il marche,[13] votre *type?*   *guy*

▲ Pourquoi Normat est-il soupçonneux de cet homme?

190 Aubinard avait *perdu de vue* ses préoccupations   *forgotten*
professionnelles. Les paroles du patron le remirent au
fait.[14] Bien qu'il lui en coutât,[15] il examina son modèle
avec moins de désintéressement. « Les traits un peu
tirés,[16] songea-t-il, mais ce n'est pas mauvais, au con-

[13] **il marche** : does he suit your needs? (lit., does he work?)
[14] **le remirent au fait** : brought him back to reality
[15] **Bien... coutât** : Although it was painful to him
[16] **Les traits un peu tirés** : He looks tired

traire. Je suis sûr qu'il nous fera un *Ecce Homo*[17] de premier ordre. Pendant les premiers jours, on le mettra **en** *croix*, après on **en** fera un Jardin des Oliviers, et quand il se sera nourri, il me donnera des Bons Pasteurs, des Laissez venir à moi... »[18] **En** quelques secondes, il eut évalué toutes les réussites évangéliques qu'il pourrait tirer de ce Christ *inespéré*. L'homme paraissait *gêné* du double examen dont il était l'objet. Son regard anxieux impressionnait encore Aubinard qui se sentait *mal à l'aise* pour l'interroger.

cross

unexpected
uneasy

uncomfortable

▲ **Que projette Aubinard?**

— Qu'est-ce que vous faisiez avant? interrogea M. Normat, et comment vous appelez-vous, d'abord?
— Machelier, Monsieur, répondit l'inconnu d'une voix humble, comme pour faire oublier la première question.

▲ **Qu'aurait-il pu faire pour qu'il ne veuille pas répondre à la question de Normat?**

M. Normat répéta le nom plusieurs fois pour s'assurer qu'il rendait un *son* honnête, et s'adressant à Aubinard :
— Tâchez de l'avoir à l'œil.[19] Avec ces gens-là, on a toujours des surprises. On ne sait même pas d'où il sort.
Machelier eut un mouvement de colère et *s'arracha* du fauteuil.
— Je sors de prison, dit-il, je ne vous dois rien.
Il se dirigea vers la porte. Aubinard le rejoignit et le prenant par le bras, le remit dans le fauteuil du patron. Machelier se laissa faire sans résistance, étonné de sa propre audace. Songeant à ses statistiques, M. Normat regrettait son imprudence.

sound, ring

broke away

▲ **En voyant que Machelier veut partir, de quoi Normat se rend-il compte?**

— Vingt francs par jour, proposa-t-il, ça vous irait?[20]

[17] **Ecce Homo** : (Latin) "Behold the man," the words spoken by Pilate when he presented Christ to his accusers
[18] **Laissez venir à moi** : "Suffer the children..." (Aubinard is thinking about the different stages in Christ's life that he can portray in his photographs.)
[19] **Tâchez de l'avoir à l'œil** : Try to keep an eye on him.
[20] **ça vous irait?** : would that suit you?

Machelier ne parut pas entendre.

— Vous voulez vingt-cinq francs. C'est bien, on vous les donnera.

▲ **Pourquoi Normat offre-t-il de l'argent à Machelier?**

Machelier demeurait muet, *affaissé* sur son *siège*.   *sunk down/seat*
230 Aubinard se pencha et lui dit doucement :

Le patron vous propose vingt-cinq francs par jour. D'habitude, on ne donne que vingt francs. Allons, c'est dit? Vingt-cinq francs... Venez avec moi à l'atelier. Le travail n'est pas difficile...

235 Les deux hommes quittèrent le magasin et, après avoir traversé une cour, *s'engagèrent dans* un escalier   *started into* obscur.

— Ils m'ont donné dix mois *sans sursis*, disait   *without parole* Machelier. Oh! ce n'était pas trop pour ce que je leur
240 avais fait. **En** prison, j'avais fait des économies, mais maintenant...

— On vous paiera tout à l'heure. Deux jours d'avance, si vous voulez.

Ils arrivaient à un *palier*. Machelier s'arrêta.   *landing*
245 — J'ai faim, murmura-t-il.

Il était très pâle et semblait *essoufflé*. Aubinard   *out of breath* hésita et *faillit céder* à un mouvement de pitié, mais il   *almost gave in* songea aux possibilités qu'offrait ce visage de Christ *affamé*, humilié, implorant. « Quand il aura mangé, ce   *starving*
250 ne sera déjà plus ça,[21] se dit le chef d'atelier. Il faut **en** profiter et le mettre **en** croix tout de suite. »

— Un peu de patience, vous mangerez à midi. Il est déjà dix heures.

▲ **Que pensez-vous du traitement que reçoit Machelier?**

La première *séance* parut interminable au pa-   *sitting*
255 tient. Les poses sur la croix étaient fatigantes, et dans l'état de faiblesse où il se trouvait, presque douloureuses. La seule *vue* des accessoires de son martyre[22] le   *sight* dégoûtait. Aubinard paraissait ravi. Il le *lâcha* vers une   *let go* heure après midi et, après lui avoir avancé cinquante
260 francs, lui accorda une après-midi de repos.

▲ **Dans cette séance, qu'est-ce qui dégoûte Machelier**
   mais ravit Aubinard? Pourquoi?

---

[21] **ce ne sera déjà plus ça** : it won't be the same anymore.

[22] **accessoires de son martyre** : the props (cross, halo, and so on) used in the photos to make Machelier look like Christ

Machelier se mit **en** *quête* d'un restaurant où il   *search*
put manger à bon marché. Lorsqu'il eut dévoré deux
portions de *blanquette de veau*, il lui vint un peu   *veal stew*
d'*orgueil.* **En** coupant son fromage, il *évoquait* un   *pride/recalled*
passé décent qui *remontait à* quelques mois avant la   *dated back*
prison ; il était pianiste dans un café de Montmartre ;[23]
il avait des amis, les patrons lui parlaient avec défé-
rence. Quand il *saluait* le public, il y avait des filles qui   *greeted*
le regardaient avec amour. Mais, *pour son malheur*, le   *unfortunately for him*
violoniste avait des cheveux noirs, brillants et *ondulés*.   *wavy*
Avec ses cheveux, il avait *séduit* une fille que Mache-   *seduced*
lier avait *distinguée*. Les violonistes entrent facile-   *singled out*
ment dans le cœur des femmes, ils *caracolent* sur   *dance about*
l'*estrade*, ondulent, *piquent* de la tête, font des *cha-*   *stage/dip/tickles*
touilles distinguées sur la *queue* de leur instrument et,   *(here) neck*
dans les *notes fuselées*, quand ils ferment les yeux **en**   *high notes*
s'étirant du col, on a toujours envie de leur regarder les   *stretching*
pieds pour être sûr qu'ils ne *s'envolent* pas. À la fin de   *fly away*
faire valoir ses cheveux, le violoniste avait couché avec   *showing off*
la fille et, un jour qu'il *s'en vantait*, Machelier lui avait   *was bragging*
entr'ouvert la gorge avec une paire de *ciseaux*, le met-   *slit/scissors*
tant à deux doigts de mourir.

▲ **Que faisait Machelier autrefois ? Pourquoi a-t-il été
obligé de quitter son travail ?**

En *achevant* son repas, Machelier songeait   *finishing*
qu'après tout, le violoniste n'était pas mort, puisqu'il
avait repris sa place à l'orchestre. Pourquoi lui, Machelier ne trouverait-il pas un engagement ? Ses six mois de
prison n'empêchaient pas qu'il eût un grand talent. Il
lui parut qu'il trahissait sa mission d'artiste **en** acceptant de se déshabiller dans un atelier de photographe.

▲ **Dans quel sens trahit-il sa mission d'artiste ?**

Il se persuada, dans l'optimisme de la digestion, qu'il
trouverait sans difficulté un engagement, et décida
que le lendemain il irait rendre au photographe les
vingt-cinq francs qui lui avaient été avancés. **En** quittant le restaurant, il alla louer une chambre dans un
hôtel de la rue de Seine et, tenté par la douceur du lit,
remit au lendemain de chercher un emploi *digne*   *worthy*

---

[23] **Montmartre** : hilly section in the northern part of Paris, so named because three saints were
beheaded there in the year 272 ; frequented by painters and poets ; also the location of the
basilica **Sacré-Cœur**

de son mérite. Son premier sommeil fut profond, et
le mena jusqu'à minuit. Il *s'éveilla* et se rendormit   *woke up*
presque aussitôt, mais d'un sommeil *peuplé* de *cauche-*   *filled/nightmares*
300 *mars.* Il rêva qu'il crucifiait le violoniste couronné
d'*épines,* et que la Cour d'assises[24] lui infligeait encore   *thorns*
six mois de prison. Il s'éveilla **en** claquant des dents. La
lumière du jour le rassurait *à peine,* et à l'*amertume* de   *scarcely/bitterness*
ses remords du matin *s'ajoutait* le souvenir des *sup-*   *was added/torture*
305 *plices* endurés sur la croix. Pourtant, sa résolution
n'avait pas faibli. **En** montant à l'atelier H, il serrait
dans sa poche les vingt-cinq francs qu'il se proposait de
rendre à Aubinard.

▲ **Qu'est-ce que Machelier a décidé de faire?**

Le chef l'*accueillit* avec amitié, presque avec dé-   *welcomed*
310 férence, et l'*entraîna* vers une table où étaient *étalées*   *led/spread out*
des *épreuves* photographiques.   *prints*
— Regardez... quel travail, hein? Vous pouvez
dire que vous avez été étonnant. Je n'exagère pas, étonnant.
315 Machelier regarda longtemps les épreuves. Il était
très *ému.* Lorsque Aubinard lui demanda de se pré-   *moved*
parer pour la pose, il se déshabilla sans hésitation, avec
un *empressement* qui le surprit lui-même.   *eagerness*
On continua de le mettre **en** croix pendant trois
320 jours, et lorsque le chef se jugea *pourvu* **en** attitudes de   *supplied*
crucifié, il lui fit faire des chemins de croix.[25] Il était
très appliqué à son travail, et Aubinard *s'émerveillait*   *marveled*
d'un zèle aussi intelligent. M. Normat ne tarda pas à
se féliciter du modèle, car il obtint, sur épreuves, des   *congratulate himself*
325 commandes importantes de Christs **en** croix.

▲ **Comment Machelier réagit-il quand il voit les**
   épreuves photographiques?

L'ancien pianiste emportait chaque jour de l'atelier une dizaine de photographies du Christ dont il
tapissait les murs de sa chambre. À l'hôtel, on croyait   *plastered*
qu'il avait une dévotion particulière à la croix. Le soir,
330 **en** rentrant chez lui, lorsque son regard tombait sur
cette imagerie, Machelier *éprouvait* toujours un choc.   *felt*
Assis sur son lit, il passait de longs moments à se reconnaître dans tous ces Christs. Il *s'attendrissait* sur   *was moved*

---

[24] **Cour d'assises** : trial court
[25] **chemins de croix** : stations of the Cross

son visage douloureux, sur son supplice et sur sa mort.
5 Parfois, **en** songeant à ses juges et à sa prison, il lui
semblait qu'il eût souffert d'une injustice, et il lui plai-
sait de pardonner à ses *bourreaux*.   *tormentors*

▲ **Quels changements remarquez-vous dans l'attitude
de Machelier?**

À l'atelier, il n'avait jamais un mouvement d'im-
patience, il était doux, *serviable*, et cherchait toutes les   *obliging*
10 occasions d'obliger ses compagnons. Chacun aimait sa
douceur et respectait sa mélancolie. L'on s'accordait à
dire qu'il avait bien choisi son emploi; il était même si
bien adapté à son personnage que les employés *s'éton-*   *were surprised*
naient à peine de la bizarrerie de ses *propos*. Aubinard,   *words, talk*
15 qui avait de l'affection pour son modèle, s'**en** inquiétait parfois et lui disait doucement:
— Il ne faudrait tout de même pas *vous figurer*   *imagine*
que c'est arrivé.

▲ **À votre avis, de quoi Aubinard a-t-il peur?**

Un matin, Saint Pierre entra dans l'atelier H où il
20 venait demander un renseignement de la part du chef
de l'atelier B. Il avait gardé sur la tête son *auréole* **en**   *halo*
carton. À son départ, Machelier l'accompagna jusqu'à   *cardboard*
la porte et lui dit:
— Va, Pierre... d'une voix grave qui étonna le
25 *bonhomme*.   *man*

▲ **À votre avis, pourquoi la voix de Machelier a-t-elle
surpris l'homme habillé en Saint Pierre?**

Dans la rue, Machelier souffrait à chaque instant
de l'indifférence des passants à son égard, non par orgueil humain, mais par *miséricorde*. **En** passant devant   *mercy*
les églises, il *tenait* aux *mendiants* des propos obscurs   *(here) spoke/beggars*
30 et les *comblait* de promesses glorieuses.   *overwhelmed*

▲ **À votre avis, comment les gens pourraient-ils réagir
à ce que Machelier leur dit?**

— Faites-moi seulement une petite charité, lui
dit un mendiant de Saint-Germain-des-Prés.
Machelier lui montra un homme *cossu* qui mon-   *wealthy*
tait dans son automobile:
35 — Tu es plus riche que lui... cent fois, mille fois
plus riche!

Le mendiant le traita de fumier,[26] et Machelier s'en alla **en** penchant la tête sur son épaule, sans *rancune*, mais l'*âme* accablée de tristesse.

hard feelings/soul

▲ **Pourquoi Machelier se sent-il triste?**

370 Un soir qu'il était dans sa chambre, il pensa à ses parents qui étaient morts et se demanda s'ils étaient au ciel. Il se tourna vers son image pour lui recommander les deux âmes **en** peine, puis il *se ravisa* et *hocha* la tête avec un sourire confiant, comme pour dire : « C'est
375 inutile. J'arrangerai l'affaire... »[27]

changed his mind/ shook

▲ **Qu'est-ce qu'il espère arranger? Comment pense-t-il que ce sera possible?**

Cependant, le chef d'atelier n'était pas loin d'avoir *épuisé* avec son modèle toutes les poses raisonnables, et prévoyait qu'il lui faudrait bientôt s'**en** séparer. D'ailleurs, Machelier avait *engraissé*, et, même
380 pour un Christ triomphant, il avait les joues un peu pleines. Un matin, Aubinard le faisait poser **en** buste avec une auréole, et un gros cœur **en** carton pendu au cou, lorsque M. Normat entra dans l'atelier.

exhausted

gained weight

Examinant les derniers *clichés*, il fit observer à
385 Aubinard :

negatives

— Ils sont loin de valoir les premiers...

— **En** effet.

— Je crois que vous ferez bien d'arrêter les Christs. Nous avons maintenant une belle collection,
390 qui bat *de loin* tout ce qu'on a fait dans le genre, et je ne vois vraiment rien d'utile à y ajouter.

by far

— C'est ce que je pensais moi-même. Aussi, vous voyez que depuis trois jours je n'ai rien fait d'important.

▲ **Pourquoi Normat veut-il qu'Aubinard s'arrête de faire des Christs? À votre avis, comment Machelier réagira-t-il à l'éventualité de ne plus faire de Christs?**

395 — Il vous reste maintenant à travailler le Saint Jean-Baptiste... C'est un article très demandé et où nous sommes d'une faiblesse déplorable, je vous l'ai déjà *signalé*. Il faut pourtant que nous ayons quelque chose de propre à donner à nos voyageurs le mois pro-
400 chain...

indicated

[26] **le traita de fumier** : called him trash
[27] **J'arrangerai l'affaire** : I'll take care of things.

— Pour le mois prochain, c'est un peu court, monsieur Normat... Il faudrait une chance extraordinaire, une rencontre comme celle de mon Christ...

Aubinard jeta un regard de gratitude sur son Christ qui attendait, **en** caressant son cœur de carton, que M. Normat eût fini son inspection. Machelier ne se départait de sa *mansuétude* habituelle qu'à l'égard du patron. Il le supportait avec une impatience pleine de dégoût et rêvait de chasser ce marchand coloré et *ventru*. Aubinard, qui regardait son modèle **en** songeant à la difficulté de trouver un Saint Jean-Baptiste, eut une inspiration soudaine et dit à l'apprenti :

— Va me chercher un rasoir, un *blaireau* et un savon à barbe.

▲ **Pourquoi a-t-il besoin d'instruments à raser ?**

À M. Normat, qui s'étonnait, il désigna Machelier.

— Il est *juste à point* pour faire un Saint Jean-Baptiste. Vous allez voir...

Les deux hommes s'approchèrent du Christ et Aubinard lui dit :

— Vous avez de la chance... On va vous couper la barbe et vous **en** aurez encore pour huit jours **en** Saint Jean-Baptiste.

Machelier *toisa* le patron avec *mépris* et, regardant Aubinard d'un air de reproche, répondit :

— Je suis prêt à tout endurer, mais je ne me raserai pas la barbe.

Aubinard lui *représenta* vainement qu'il était usé **en** Christ[28] et qu'il n'y avait d'autre moyen, pour le garder, que de le changer **en** Baptiste ; Machelier, qui sentait que sa divinité résidait presque tout entière dans sa barbe, *se bornait à* répondre :

— Je ne laisserai pas toucher à un poil de ma barbe.

— Voyons, disait Aubinard, réfléchissez. Vous n'avez pas le *sou*, pas de situation...

— Je ne me séparerai jamais de ma barbe.

— Il est *buté*, dit M. Normat, laissez-le tranquille. Réglez-lui son compte[29] tout de suite et qu'il débarrasse la maison. **En** voilà un *abruti !*

▲ **Selon vous, que va-t-il arriver à Machelier ?**

gentleness

pot-bellied

shaving brush

just right

eyed/scorn

pointed out again

limited himself to

penny

stubborn

idiot

---

[28] **il était usé en Christ** : they had gotten all they could out of him as Christ.

[29] **Réglez-lui son compte** : Settle his account.

Lorsqu'il eut payé encore deux journées d'hôtel, Machelier recommença d'avoir faim.

▲ **Quelle décision Machelier a-t-il prise? Comment le savez-vous?**

D'abord, il **en** eut quelque fierté, puis, comme la faim devenait plus douloureuse, il douta de sa divinité. Un 445 jour, il se souvint qu'il était pianiste et prit le chemin de Montmartre. Il se proposait vaguement de *rôder* roam autour du café où il avait, pour la première fois, souffert d'injustice. Machelier songeait qu'il n'était rien qu'un pauvre homme, capable d'inspirer quelque pitié 450 à ceux qui l'avaient connu autrefois.

Il partit à pied et, **en** descendant vers les *quais* par wharves la rue Bonaparte, il vit son image dans plusieurs vitrines. Il se vit portant la *brebis* sur ses épaules, il se vit lamb *gravissant* le calvaire,[30] portant sa croix... Il **en** fut climbing 455 *réconforté* et attendri. comforted

— Comme je souffre, murmura-t-il **en** regardant sa photographie de crucifié.

▲ **Comment les images où Machelier se voit l'affectent-elles?**

Passant la Seine, il retrouva son image rue de Rivoli, puis dans les environs de l'Opéra. Machelier ne 460 sentait presque plus sa faim, il marchait lentement attentif aux vitrines, *suspendu* à l'espoir d'une nouvelle holding onto rencontre. Il se retrouva encore près de l'église de la Trinité, dans la rue de Clichy. **En** arrivant devant le café où il avait tenu le piano, il passa très vite, sans 465 même regarder à l'intérieur.

▲ **Pourquoi Machelier ne s'intéresserait-il plus à l'endroit où il jouait du piano?**

Il sentait qu'il était absent de cet endroit de Montmartre, il eut envie de monter plus haut. La fatigue et la faim lui donnaient la fièvre ; il dut se reposer plusieurs fois *au cours de* son ascension. Le soir tombait during 470 lorsqu'il arriva sur le mont des Martyrs.[31] Devant la *basilique*, les boutiquiers commençaient à *ranger* leurs i.e., the Sacré-Coeur/ objets de piété. Machelier eut le temps de regarder à un put away *étalage* une partie de la collection qu'il avait fournie à display

---

[30] **calvaire** : Calvary (Notice the connection made between Calvary and Montmartre.)
[31] **mont des Martyrs** : Montmartre

Aubinard. Il y avait un « Bon Pasteur », un « Christ
aux enfants », tout un « Chemin de Croix », et dans
un *cadre* de bois noir un *agrandissement* de son mar-   frame/enlargement
tyre. Machelier **en** était *ébloui*; il alla s'appuyer à la   fascinated
balustrade de pierre et, **en** regardant Paris *moutonner*   railing/waving
à ses pieds, il fut *envahi* par la certitude de son ubi-   filled
quité. Les dernières *lueurs* du jour, à l'occident,   glimmers
cernaient la ville d'un mince ruban clair, des lumières   surrounded
s'allumaient jusqu'au loin dans les fonds de *brume*.   mist
Cherchant, dans l'*étendue*, le chemin *jalonné* par ses   expanse/marked out
images, qu'il venait de *parcourir*, Machelier goûtait   cover
l'ivresse de *se répandre* dans la ville. Il sentait sa pré-   (here) being
sence flotter sur le soir et écoutait le bruit de Paris qui   everywhere
montait comme une rumeur d'adoration.

▲ **Quelle est la cause de l'« ivresse » de Machelier?**

Il était près de huit heures du soir lorsqu'il des-
cendit de la *butte*. Il avait oublié qu'il était *las* et qu'il   hill/weary
avait faim, un chant d'*allégresse bourdonnait* à ses   joy/hummed
oreilles. Dans une rue solitaire, il rencontra un *sergent*   policeman
de ville et, tendant la main, se dirigea vers lui d'un pas
hésitant :
   — C'est moi, dit-il avec un tendre sourire.
   L'agent haussa les épaules et *grommela* **en**   muttered
s'éloignant :
   — *Bougre d'imbécile...* feriez mieux de rentrer   you fool!
chez vous, au lieu d'embêter le monde avec vos histoires de *soûlot.*   drunkard
   Machelier, surpris par cet *accueil*, demeura une   reception
minute immobile, puis il murmura **en** hochant la tête :
   — Il ne comprend pas.

▲ **Selon Machelier, qu'est-ce que l'agent ne comprend
   pas ?**

Une inquiétude soudaine le fit hésiter, il eut
envie de retourner sur ses pas, vers le sommet de la
colline, mais ses jambes le portaient à peine et déjà il   hill
s'engageait dans une rue qui descendait vers une
trouée de lumière.   opening
   Sur le boulevard de Clichy, Machelier erra un
instant parmi la foule des promeneurs. Personne ne
prenait garde à lui,[32] et les gens qui rencontraient son
regard *pressaient le pas* dans la crainte qu'il ne deman-   walked faster

---

[32] **Personne... lui** : No one paid attention to him.

dât une aumône.[33] Il manqua plusieurs fois de *se faire*   *be run over*
écraser, et, *grelottant* de fièvre, alla se reposer sur un   *shivering*
banc. Il n'avait plus qu'une angoisse, plus qu'une idée   *bench*
515 fixe :

    — Pourquoi est-ce qu'ils ne me reconnaissent
pas ?

Traversant le boulevard, deux filles passèrent
auprès de lui et l'*accostèrent par* dérision.   *went up to/out of*
520   — Tu viens, Landru ? lui dit une vieille **en** faisant
allusion à sa barbe.

Les deux filles se mirent à rire et la plus jeune
ajouta :

    — Mais non, c'est Jésus-Christ, je te dis.
525   — Oui, c'est moi, acquiesça Machelier.

Délivré de son angoisse, il se leva pour faire à ces
deux filles la grâce de les toucher. Elles *se sauvèrent* **en**   *ran away*
ricanant :   *sneering*

    — Il va nous porter la *poisse*, le Jésus, allons-   *bad luck*
530 nous-en.

▲ **Qu'est-ce qui est ironique dans les remarques de la
jeune fille ?**

Machelier comprit qu'il avait encore un effort à
faire pour persuader les hommes qu'il était avec eux. Il
décida qu'il annoncerait d'abord la nouvelle aux
pauvres et abandonna le boulevard pour descendre
535 dans la ville. Mais il ne rencontrait point de pauvres, il
n'y avait pas un seul pauvre sur son chemin. Il *s'en*
étonnait tout haut et arrêtait parfois les passants pour   *wondered/aloud*
leur demander s'ils n'avaient pas vu des pauvres. Les
passants n'avaient rien vu. Ils ne savaient pas qu'il y
540 eût des pauvres.

▲ **À votre avis, pourquoi voudrait-il annoncer la
nouvelle à des pauvres ?**

Il était près de minuit lorsque Machelier arriva au
pont des Saints-Pères. Il ne sentait plus ni faim, ni
fatigue, mais rien qu'une grave impatience. Il se souvint qu'avant de connaître Aubinard, il avait dormi
545 sous ce pont-là, et il espéra y découvrir des pauvres.
Descendant sur le quai, il trouva l'*abri* désert. Mache-   *shelter*
lier se sentit si seul qu'il eut envie de pleurer ; mais, sur

---

[33] **dans la crainte... aumône** : for fear that he would ask for money

l'autre *rive*, il vit passer des hommes qui s'en allaient   *river bank*
chercher un *asile* sous la *voûte*. Il fit un grand geste   *refuge/arch*
et cria :

    — C'est moi !

Les autres s'arrêtèrent, surpris par cet appel qui
résonnait sur la pierre.   *echoed*

    — C'est moi ! *ne vous dérangez pas !* je viens...   *don't move*

Il descendit l'escalier étroit qui plongeait dans
l'eau.

    — Je viens !

▲ Comment pense-t-il arriver à l'autre rive ?

Un moment, les *clochards* de l'autre rive virent   *tramps*
Machelier qui marchait sur les eaux, et quand il n'y eut
qu'un *remous* sur le fleuve, ils doutèrent s'ils venaient   *eddy*
de s'éveiller ou s'ils avaient encore devant eux la promesse d'une nuit de sommeil pour oublier leur misère.

▲ Pourquoi les clochards ne peuvent-ils pas expliquer
  ce qu'ils ont vu ?

Récapitulation

Lignes 1–120
1. Qui sont Messieurs Normat et Aubinard ?   2. Pourquoi Normat
veut-il parler à Aubinard ? De quoi Normat l'accuse-t-il ?   3. Pourquoi
est-il difficile de trouver de bons modèles ?

Lignes 121–209
4. Qui Aubinard aperçoit-il dehors ? Pourquoi cet homme attire-t-il son
attention ?   5. Comment cet homme s'appelle-t-il ?   6. Normat comprend-il immédiatement les intentions d'Aubinard ?

Lignes 210–260
7. Que savez-vous de la vie de Machelier ?   8. Qu'est-ce que Machelier
va faire pour un salaire de vingt-cinq francs ?   9. Pourquoi Aubinard ne
donne-t-il pas à manger à Machelier ?   10. Comment Machelier aime-
t-il son nouveau travail ?

Lignes 261–369
11. Qu'est-ce qui fait naître chez Machelier l'idée d'abandonner son travail
de modèle ?   12. Que lui arrive-t-il au cours de la nuit, et comment
réagit-il ?   13. Pourquoi Machelier décide-t-il de continuer à poser ?
14. Que fait-il chaque soir ?   15. Comment traite-t-on Machelier à
l'atelier et dans la rue ? Pourquoi ?

Lignes 370–440
16. Pourquoi Machelier cesse-t-il d'être un bon modèle ?   17. Comment Aubinard pense-t-il se servir de Machelier le plus avantageusement possible ?   18. Qu'est-ce que Machelier refuse de faire et pourquoi ?

Lignes 441–530
19. Où Machelier va-t-il ?   20. D'où Machelier dérive-t-il sa force de vivre malgré sa faim intolérable ?   21. Comment Machelier supporte-t-il les accusations et les insultes des passants ?

Lignes 531–562
22. Quelle sorte de personnes recherche-t-il ?   23. Où découvre-t-il des pauvres ? Réussit-il à les rejoindre ?

Somme toute

1. Résumez l'histoire (oralement ou par écrit) en vous servant des **points à noter.**
2. À quel moment précis dans l'histoire Aubinard a-t-il remarqué Machelier ?
3. Faites une description de Machelier. Lesquels de ses attributs pourraient être ceux du Christ, et lesquels sont plutôt ceux d'un homme « ordinaire » ? Relevez des exemples de l'histoire pour justifier vos affirmations.
4. Qu'est-ce qu'il y a d'ironique dans le travail que fait Machelier et la conviction vers laquelle cela le mène ?
5. Étudiez le développement de la personnalité de Machelier, c'est-à-dire de l'homme qui « soufflait une buée fine sur la glace de la vitrine » (l. 132) à l'homme qui « marchait sur les eaux... » (l. 559). Quelle est la cause de ces changements ?
6. Pourquoi Machelier refuse-t-il de se faire raser pour poser en Saint Jean-Baptiste (l. 426–37) ? À quoi cela vous fait-il penser ?
7. Que savez-vous de Normat et d'Aubinard ? Somme toute, quelle est la différence entre Normat et Aubinard et leur façon de percevoir l'« utilité » de Machelier ? Relisez les lignes 222–23. Qu'est-ce que ces lignes indiquent du caractère de Normat ?

Extrapolation

1. Quels sont les sentiments de Machelier envers Normat ? Pourquoi aurait-il cette attitude ?
2. Aubinard semble avoir peur d'avoir créé un être sur lequel il n'a plus de contrôle. Dans quel sens cela est-il vrai ? Que veut-il dire dans les lignes 347–48 ?

3. À votre avis, se pourrait-il que Machelier soit divin ? Présentez des arguments, pour ou contre, basés sur l'histoire pour défendre votre position.
4. Relisez la première conversation entre Aubinard et Machelier (l. 146 – 52). À votre avis, que veut dire Machelier quand il dit : « j'en ai bien vu d'autres » ?
5. Comment pourrait-on expliquer que les clochards à la fin de l'histoire ont vu Machelier marcher sur l'eau ?
6. D'après ce que vous avez lu, comment pourriez-vous compléter (oralement ou par écrit) les phrases qu'Aymé n'a pas finies : l. 185, l. 234, l. 241, l. 375, l. 386, l. 403, l. 418, l. 436 ?
7. Relisez le dernier paragraphe. Écrivez un dialogue entre les clochards qui regardent Machelier s'avancer sur l'eau.
8. Est-il possible que Machelier ait porté le « masque » de Christ si longtemps qu'il n'était plus capable de l'enlever ? À votre avis, peut-on endosser une nouvelle personnalité en jouant le rôle de quelqu'un qu'on n'est pas mais auquel on voudrait ressembler ? Écrivez.

Techniques de l'auteur

1. Après un temps, Machelier croit qu'il est le Christ. Faites une liste de mots ou expressions qu'Aymé emploie (dans la narration, les pensées de Machelier, les réactions des autres gens, et ainsi de suite) pour montrer cette tendance.
2. Dans la création du personnage de Machelier, Aymé touche au surréalisme — le surréalisme étant un procédé où l'auteur essaie d'atteindre une réalité supérieure à la réalité quotidienne. Comment Aymé se sert-il de la religion dans le développement de la personnalité de Machelier pour arriver au thème surréaliste ? Comment les personnages de Machelier et de Martin dans **Le Dernier** se ressemblent-ils du point de vue surréaliste ?
3. Étudiez le dernier paragraphe. Pourquoi Aymé ne termine-t-il pas l'histoire d'une manière précise ? Quel effet cette conclusion produit-elle sur le lecteur ? Comment Aymé réussit-il à ne pas en faire une conclusion tragique ?
4. Comment Aymé pousse-t-il Machelier et Martin (**Le Dernier,** p. 100) jusqu'au comique ? Où aurait-il pu s'arrêter pour en faire des personnages tout simplement pitoyables *(pitiful)* mais non comiques ?

9

Abdou Anta Kâ

Né en 1931 à Zinguichor au Sénégal (voir la carte à la page 29), **Abdou Anta Kâ** fait ses études secondaires au Collège Blanchot puis continue de hautes études *(advanced studies)*. Kâ poursuit une longue carrière culturelle. Il est attaché au magazine Ouest-Africain et aux Affaires culturelles du haut commissariat de France. Il travaille ensuite dans le département culturel des Affaires étrangères, puis devient attaché de cabinet à la présidence de la République. Il fait de nombreux reportages de presse et est le fondateur et animateur du groupe de réflexion sur l'œuvre du président Senghor.

Kâ poursuit aussi une longue carrière littéraire pendant laquelle il publie plusieurs pièces de théâtre, un recueil de nouvelles d'où est tirée **Le Nègre de service,** et une collection de livres pour enfants, **La Création selon les Noirs.**

Ayant grandi au Sénégal au temps où le Sénégal était encore une colonie française, Kâ raconte d'une manière précise et détaillée les sentiments qui assurent l'intégrité et la sensibilité des êtres à la recherche de l'indépendance dans l'exercice des fonctions de leur pays. **Le Nègre de service** est une histoire touchante qui révèle une perspective historique souvent mal comprise.

Le Nègre de service

Pendant que vous lisez

A. Points à noter. Avant de lire, considérez les points suivants. Ils vous aideront à suivre le fil de l'histoire.

— la position sociale et professionnelle de Pape
— les changements dans le comportement de Pape
— les transactions commerciales des sociétés *(companies)* françaises et ce que Pape n'aime pas dans ces transactions
— les effets de ces transactions sur les Sénégalais
— la décision finale de Pape

B. Style et techniques. En lisant **Le Nègre de service** remarquez les éléments suivants :

1. le vocabulaire et les images que Kâ emploie dans ses descriptions des différentes classes sociales
2. le genre de phrases dont se sert Kâ pour traduire le tempérament et les sentiments du personnage principal

C. Stratégies de lecture. Étudiez la stratégie suivante et, pendant que vous lisez **Le Nègre de service**, essayez de la mettre en pratique.

Il est important de ne pas prendre les pronoms compléments d'objet direct **le, la, l', les** pour des articles définis parce qu'une telle erreur pourrait vous empêcher de comprendre le sens d'un passage. Il est nécessaire en même temps de reconnaître les antécédents de ces pronoms. Dans les exemples suivants, identifiez les antécédents des pronoms compléments d'objet direct accentués :

— Transi de froid, je me mis dans le creux *(hollow)* d'un chêne *(oak)*... À chaque rafale de vent, je croyais **le** voir s'abîmer *(collapse)* sur moi...
— Avec son amour, une jalousie avait germé épouvantable dans le cœur de l'étranger... (Léocadie) déclara à sa tante qu'elle ne voulait plus **le** voir, et **la** pria de **le** lui dire.
— Elle imaginait d'avance son visage quand il **la** regarderait...

— (Martin) remonta sur sa machine et longtemps les deux femmes **le** suivirent des yeux...

Les pronoms compléments d'objet direct sont accentués dans **Le Nègre de service.** Pendant que vous lisez, essayez de déterminer leurs antécédents.

Étrange! Pape m'attendait dans ce petit café de l'avenue Maginot récemment baptisée l'avenue du Président Lamine Gueye.

▲ **Où Pape veut-il voir le narrateur?**

La veille j'avais reçu son épouse N'Dèye Cor dans mon *cabinet.* Si *inquiète* et si mal à l'aise que je *m'apprêtais à* **la** voir se lever brusquement et s'en aller pour *s'empêcher* de pleurer devant moi. « Docteur, me dit-elle, Pape m'inquiète. Il boit à présent plus que d'habitude et *ailleurs* qu'à la Croix-du-Sud[1] où les hommes de son *rang* se rencontrent. Mais à présent dans des cafés de *trottoir*[2] accessibles à tout le monde,

the day before
office/uneasy
expected
keep herself

elsewhere
social class
sidewalk

---

[1] **Croix-du-Sud** : apparently the name of an upper-class café
[2] **cafés de trottoir** : Sidewalk cafés are usually frequented by working-class people.

à ses employés et à d'autres gens que jusqu'à présent, il
s'était gardé de *côtoyer.* »

frequent

▲ **Qu'est-ce qui trouble la femme de Pape ?**

À la terrasse encore, sur le trottoir. Pis encore, à une
15 heure — 18 heures — qui est celle de la *foule*, **le**
dévisageant avec surprise et *gêne*, le verre de whisky
devant lui ; les uns de leurs voitures **le** saluent d'un
geste du bras, salut auquel il ne répond pas, les autres
s'arrêtent pour *lui serrer la main.* Pape était connu,
20 admiré, envié : Directeur d'une grande *société* coloniale. Tous ces regards curieux sur sa personne, ces
saluts disent la même chose : « Que fait-il ici, dans ce
petit café *au vu et au su de tout le monde*, le Directeur
Général de l'importante société sénégalaise des *cuirs*
25 et des *peaux* ? » Devant un verre de whisky ! *À nu* devant tout le monde ! Sûr que tous ceux qui l'ont vu là en
parleront à leur tour. « Pape, le Directeur Général des
Cuirs et Peaux boit publiquement dans un café de trottoir. »

crowd
staring at/uneasiness

shake his hand

company

openly
leather
hides/openly

▲ **Quelle réaction les gens qui voient Pape dans ce
café ont-ils ? Pourquoi ?**

30   . Il ne me vit pas venir. Voyait-il les gens empressés
sur le trottoir ? Son regard était ailleurs, sur l'arbre en
face. Sans cravate. La première fois que je **le** voyais
ainsi *en dehors de* chez lui depuis une dizaine
d'années. Cette *moue de mépris* ou de rejet ne lui était
35 pas non plus habituelle. Un petit *cireur* lui offrit ses
services. Il **le** *renvoya* avec brusquerie, mais curieuse-
ment **le** rappela et pendant que l'autre *s'affairait* sur ses
chaussures, il *s'était penché* pour lui parler. N'Dèye
Cor m'avait dit la veille : « Son *comportement* n'est
40 plus le même ; je l'entends se parler tout seul dans les
toilettes ; rire on ne sait pourquoi. Il lui arrive même en
conduisant, de *se tromper d'itinéraire* entre la maison
et le bureau ».
        « Si peu d'appétit et toute chose que je lui dis
45 l'énerve. Je ne sais plus comment être avec lui. Il se lève
tard, oublie de changer de chemise et lorsque le domestique veut brosser ses chaussures il **les** lui *arrache*
des mains. »

outside
look of contempt
shoeshine boy
sent away
busied himself
had leaned over
behavior

take the wrong route

grabs

▲ **Dans quel sens le comportement de Pape n'est-il
plus le même ?**

N'Dèye Cor avait oublié de me dire que Pape ne dormait plus ou peu. Cela se voyait[3] aux *cernes* de ses *dark circles* yeux, et, là à la terrasse de ce petit café, son visage faisait l'effet inquiétant d'un masque grisâtre, *déterré*, *(here) as if exhumed* opaque, énigmatique. Le petit cireur se releva. Pape lui remit un *billet de banque*, et devant l'étonnement de *bill (money)* l'autre, il lui serra la main, en lui ordonnant de *filer*. *go away* Or, Pape n'est pas d'un naturel généreux. *(here) now*

▲ **Comment la situation de Pape l'affecte-t-elle physiquement et moralement ?**

De plus en plus intrigué, je l'approchais avec une certaine lenteur, *me remémorant* ce que m'avait *remembering* confié son épouse : « Et voilà qu'un soir Pape *s'amène* *turns up* avec un camarade qu'il dit d'enfance. Un *ivrogne*. *drunk* Évidemment, j'ai réagi. Oui, j'ai mis le camarade à la porte. Pape l'a suivi et pour la première fois, il est rentré à l'*aube*. Docteur, Pape n'est plus le même. *dawn* À présent il refuse toutes les invitations, même les officielles. Un mal *ronge* Pape. J'ai peur qu'il ne perde *gnaws at* la confiance de Paris.[4] Dans trois jours arrive son patron. »

▲ **À votre avis, qu'est-ce qui pourrait causer tous ces changements chez Pape ?**

— Bonjour, Pape.
Sa main était morte.

▲ **Qu'est-ce que cette dernière phrase indique sur le comportement de Pape ?**

Je m'assis en m'excusant de mon retard. C'était lui qui avait demandé à me rencontrer dans ce café, et non à la Croix-du-Sud. La *fuite* de son milieu. *escape*

▲ **Pourquoi Pape voudrait-il s'échapper de son milieu ?**

— Bonsoir, Docteur, me dit-il en se levant. Nous n'allons pas rester ici. Partons. N'importe où. Sur la corniche.[5] On prend ta voiture. Je suis venu en taxi.

---

[3] **Cela se voyait** : That was obvious.

[4] **la confiance de Paris** : The company of which Pape is the director is a French company with headquarters in Paris.

[5] **corniche** : coast road built on a natural outcropping of rock; the ocean is visible all along the road.

Depuis quelques jours, je me sens mieux quand je suis
véhiculé par les autres.   *driven*

     Et la dernière phrase de son épouse me vint à
l'esprit. (Dite en wolof[6]) « Mon mari *mue* ».   *is changing*

80   Pape ordonnait plus qu'il ne conversait avec moi.
Et il ne marchait pas non plus. Il courait vers ma voi-
ture, *se souciant* peu de la *circulation*, comme on le   *caring/traffic*
fait dans les *cauchemars*.   *nightmares*

▲ Qu'est-ce que Pape et le narrateur/médecin vont
   faire?

Brutalement il me dit :
85   — Ma femme est venue te voir ces jours-ci.
     — Oui.
     — Elle est inquiète à mon sujet, n'est-ce pas?
     — Oui.
     — Et toi?
90   — Moi?
     — Oui toi. Tu ne l'es pas, inquiet?
     — Je... je ne sais pas.
     — Quand même tu as des yeux pour voir. Je ne
suis plus le même, n'est-ce pas?
95   — Apparemment non.
     — C'est ça. Je ne reflète pas la sérénité de la *réus-*   *success*
site sociale, dit-il, *toussotant*. Quel jour sommes-   *coughing lightly*
nous?
     — Jeudi.
100   La réussite sociale de Pape était évidente. Une
villa « grand standing. » Des vacances chaque année à
l'étranger. Un grand *verger* dans la banlieue de Dakar.[7]   *orchard*
Un bungalow sur la Petite Côte au bord de la mer.
Invité à toutes les réceptions officielles. Membre du
105 Rotary ou du Lyons Club. Président d'honneur de plu-
sieurs associations. Des *actions* dans la société qu'il   *stock*
dirige et dans celles où sa société est également *action-*   *runs/shareholder*
naire. Tous ses *déplacements* notés dans la presse. Ar-   *moves, trips*
rivées et départs.

▲ Comment la réussite sociale de Pape est-elle évidente?

---

[6] **wolof** : one of the languages spoken in Senegal and the Gambia. Speakers of Wolof are
farmers, and many are traders in the coastal cities. Traditionally they were grouped into a
state with elaborate class distinctions, from paramount chief to slaves.

[7] **Dakar** : capital of Senegal, which had been a French colony until August 1960, when it
became independent

Depuis quelque temps nous *longions* la corniche   *had been going along*
sans nous arrêter.

— Allons ailleurs, dit-il. Par là, nous rencontre-
rions du monde que je connais. Allons dans nos quartiers populaires. Il y a si longtemps...

Je remarquais qu'il ne terminait pas ses phrases...
qu'elles lui venaient comme *halées*, puis qu'elles de-   *pulled out*
meuraient *en rade* comme si elles lui faisaient mal,   *abandoned*
exigeant de lui un effort. Quelles heures hallucinantes
vivait-il ? Nous étions entrés dans un quartier populeux, lorsqu'une voiture conduite par un européen,[8]
faillit nous emboutir. Pape *hurla* :   *almost hit us/roared*

— C'est à croire qu'ils sont les maîtres de notre
pays. En fait, ils **le** sont.

▲ **À votre avis, Pape parle-t-il tout simplement de cet
incident avec la voiture ?**

Puis sur un ton *enjoué* mais avec une pointe de   *jovial*
culpabilité :

— Je ne suis pas venu dans ce quartier depuis
bientôt dix ans.

Et comme s'il *devinait* ma pensée :   *was guessing*

— Depuis que je suis Directeur Général des
Cuirs et Peaux.

Le rire qui suivit *se prolongea* longtemps. Des   *continued*
baraques ; des enfants sales. De la *boue* partout. Une   *shacks, "dumps"/*
misère souriante. Qu'on n'exhibe jamais ; qu'on *cache*   *mud/hides*
au regard. Car telle est l'éthique wolof. Un *corps à*   *(here) daily struggle*
corps avec le ventre, l'*abri* et le reste, sans un cri, sans   *shelter*
une *larme*, mais avec le rire.   *tear*

— Où allons-nous, Pape ?

— Je ne sais pas. Boire sûrement. Mais où ? Il y a
sûrement un *tripot* dans ces lieux. Renseignons-nous.   *bar, "dive"*

Un homme nous désigna une pauvre baraque.
Nous pénétrâmes dans le tripot. Il me poussa à l'intérieur.

— Cela donne envie de vomir... C'est que justement, j'ai envie de vomir.

▲ **Pourquoi Pape voudrait-il rester dans un lieu qui
lui donne envie de vomir ?**

De la *crasse* partout. Des *crachats*. Et le vin   *filth/spit*

---

[8] **européen** : Any white person in Africa is referred to by the natives as **un européen**.

rouge, et les cris des *gueules abruties*, des rebuts de
l'espèce humaine.[9] Pape, à **le** voir sourire, s'y sentait à
l'aise. Sa voix devint plus aimable.

(slang) drunken faces

— As-tu envie de *te saouler* ? Moi, si. Et en ta
150 compagnie, Docteur.

get drunk

— Pour te ramener chez toi ?

— Non. Pour ne me ramener nulle part.

▲ Comment Pape réagit-il à l'ambiance du tripot ?

Il commanda une bouteille de whisky. Cela fit
sensation. Le silence établi à notre entrée durait en-
155 core. On nous observait *tels des* hommes d'une autre
planète. Pape commanda pour tout le monde du vin
rouge et de la bière. La baraque vibra. Des danses ob-
scènes. Des rires *creux*.

as

empty

▲ Pourquoi les gens dans ce café sont-ils surpris de
voir Pape et le médecin ?

— Pourquoi ne pas leur offrir à boire ? Ma société
160 est également actionnaire dans les vins, me dit-il. Et j'ai
bien des *frais de représentation*.

expense account

Enfin je n'en pouvais plus[10] de **le** voir boire.

— Tu vas te faire mal, Pape. Dans trois jours ton
patron arrive.

▲ Comment Pape va-t-il se faire mal ?

165 — Docteur, je n'ai plus envie de mon bureau.
Mon travail me fait horreur et ma femme m'exaspère.
J'*ai hâte* de **la** fuir, elle, ma villa. De m'en aller n'importe où. Comme ça. Sans un regard dans le miroir. Je
couche à présent dans la chambre d'amis. Quel *poids*
170 dans mon corps. Une grande lassitude. J'en ai marre[11]
de cette *pesanteur*. Avec ça, une forte envie de me faire
mal. Tout au début, ma femme a cru que j'étais victime
des gris-gris[12] et autres mauvais *sorts*. L'autre jour, elle
a pleuré parce que j'ai refusé de me rendre à une récep-
175 tion. J'ai l'impression d'être un acteur qui ne veut plus
de son personnage et qui, sans *crier gare*, quitte la
scène, au milieu d'une *réplique*.

am anxious

weight

weight

spells

warning
reply

▲ Qu'est-ce que Pape révèle au médecin ?

---

[9] **rebuts de l'espèce humaine** : scum of the earth
[10] **je n'en pouvais plus** : I couldn't stand it any longer.
[11] **J'en ai marre** : I've had it.
[12] **gris-gris** : objects sold by African sorcerers to preserve bad luck

« Depuis quelques semaines, je me sens comme
mené vers ces quartiers populeux. Je distribue de l'ar-
80 gent, bêtement. C'est vrai, dans trois jours arrive mon
patron. Il est en ce moment quelque part en Amérique
où il réussira, c'est sûr, à faire monter le *coût* de nos   *cost*
cuirs et peaux.

▲ **Que fait le patron de Pape en ce moment ?**

Mais nous, nous **les** achèterons toujours au même prix
85 aux nègres. À vrai dire, nous n'achetons pas, considé-
rant le bénéfice immense que nous en tirons et que
nous investissons dans d'autres sociétés françaises,
lesquelles à leur tour les réinvestissent jusqu'à *boucler*   *(here) overflow*
la boucle du capital français au Sénégal. Les cuirs et
90 peaux, nous ne **les** achetons pas... nous **les** *ramassons*,   *collect*
nous **les** *volons*... et nous **les** vendons aux *industriels*   *steal/manufacturers*
d'*Outre*-Atlantique.   *beyond*

▲ **Où et comment la société obtient-elle les peaux ?**

Eux, nous **les** revendent manufacturés[13] à des prix que
tu connais, mais indirectement, il est vrai par des in-
95 termédiaires français. Car il faut bien que les travail-
leurs de l'*occident* ne *chôment* pas. Mais nous, nos   *west/be out of work*
chômeurs n'inquiètent personne. Pas même nous.

▲ **Qu'est-ce que Pape trouve d'injuste ?**

Et moi, qu'est-ce que je fais là-dedans, dans cette traite
de nos cuirs et peaux ?[14] Le nègre de service. Un grand
100 bureau directorial. Une secrétaire blanche. Quel est le
nègre qui n'en rêve pas ? Et mieux encore, des euro-
péens sous mes ordres qui ne cessent de me jeter du
« Oui Monsieur le Directeur », « Oui Monsieur le
Gouverneur » avec un petit sourire. Ils aiment ça, les
105 nègres. Cela **les** *flatte*.   *flatters*

▲ **Comment traite-t-on Pape dans cette société ?**

« Un *malin*, mon patron de Paris. Il a vite com-   *shrewd person*
pris et sénégalisé la direction de son affaire depuis l'Indépendance. Le jour du départ du directeur blanc, ma
femme était tout heureuse, toute *fière* d'être aux   *proud*

---

[13] **Eux... manufacturés** : They (**les industriels**) sell them (**les peaux**) back to us as finished prod-
ucts.

[14] **traite... peaux** : Kâ may be showing the inhumanity taking place in Pape's company by
drawing an analogy with **la traite des Noirs**, slave trade.

210 côtés de l'épouse de mon prédécesseur blanc. Son mari
était un sénégalais exceptionnel ; un « *cadre* » dont le   *executive*
Sénégal peut être fier. Et quoi encore ? La presse, la
radio, tout était *mis en œuvre* pour m'en *convaincre* et   *put to work/convince*
persuader les autres sénégalais. C'est vrai. J'y ai cru.

▲ **À quoi Pape a-t-il cru ?**

215 Je commençais à découvrir un autre Dakar. Le monde
qui se cache derrière ces maisons de commerce. Un
vertige. Je compris bien des choses. Par exemple, que   *dizziness*
tel ou tel sénégalais qui était promis à tel poste de   *such and such*
décision de l'administration, l'était avec l'aide de ces
220 messieurs.[15]

    « Bien des fois, durant nos copieux repas, nous ne
parlions que de ceux-là parmi les cadres sénégalais,
qu'on voulait voir à tel ou tel poste administratif et des
méthodes pour l'y placer et également des méthodes
225 pour *évincer* ceux qui nous semblaient peu *dignes*   *oust/worthy*
d'intérêt parce que trop africains, racistes, anti-fran-
çais, « communistes », et le mot « indécrottable »[16]
était lancé et *c'en était fait*, de ceux-là.   *that was it*

▲ **Après sa promotion, qu'est-ce que Pape commence
à découvrir dans la société ?**

Parce qu'il fallait bien que mon commerce des Cuirs et
230 Peaux prospère. Voler nos cuirs et peaux avec la com-
plicité des hauts *fonctionnaires* de l'État ; j'ai une   *civil servants*
masse d'argent pour eux à l'intérieur de la société,
amadouer les employés sénégalais, **les** amener à ac-   *win over*
cepter le sort qu'on leur fait et **les** *licencier* s'ils se   *lay off*
235 montrent *intransigeants*. Les *syndicalistes* sont des   *uncompromising/*
nègres... j'ai le devoir de m'entendre avec eux... Il faut   *union members*
y *mettre le paquet*. « Vous comprenez, me dit souvent   *give one's all*
mon patron de Paris. Vous pouvez vous entendre. » Et
cela a duré pendant dix ans. Bien sûr, je suis riche. »

▲ **Quelle est l'une des responsabilités de Pape ?**

240   Il *se tut* et me dévisagea. Puis il reprit après s'être   *stopped talking*
servi et avoir bu *d'un trait*. « Je suis riche, très riche. Je   *all at once*
gagne 50 fois dans le mois ce que le paysan sénégalais
gagne en un an. Et puis, je ne suis pas le seul sénégalais
dans cette situation. De plus en plus, il y en aura
245 comme moi, des nègres de service. »

---

[15] **ces messieurs** : Pape is referring to his black colleagues in the company.
[16] **indécrottable** : said of a person who is unable to get rid of bad manners and habits

▲ Pourquoi Pape est-il mécontent malgré sa haute
position sociale?

Après un silence :
— Je dois *prendre* une décision. La seule depuis   *(here) make*
dix ans. Parce que, figure-toi qu'un nègre de service ne
prend jamais de décision. Le nègre de service prolonge
l'autorité coloniale. C'est tout. Et il est payé *en consé-*   *accordingly*
quence.
— Quelle décision as-tu prise?
— Être. Demain. Je vais *monter* une société de   *establish*
cuirs et peaux. Je sais, ma société ne fera pas long feu.[17]
Ils sont trop forts. Ils *disposent* des banques, des trans-   *control*
ports, de tout. J'aurai eu le mérite d'avoir tenté d'être
libre.
Pape se leva et partit.

▲ À votre avis, cette décision et ces révélations
clarifient-elles le comportement de Pape?

Récapitulation

Lignes 1–67
1. Qui est venu voir le narrateur/médecin le soir précédent? Pourquoi?   2. Quelles sortes d'endroits Pape fréquente-t-il à présent?
3. Pourquoi est-il surprenant de trouver Pape dans ces endroits?
4. Quelle est l'apparence physique de Pape quand le médecin le rejoint au
café?   5. De quelles remarques de la femme de Pape le médecin se sou-
vient-il en voyant Pape?   6. Pour quelle raison spécifique la femme de
Pape s'inquiète-t-elle?

Lignes 68–114
7. Quand le médecin arrive à la table où Pape est assis, où Pape veut-il
aller?   8. Comment la réussite sociale de Pape est-elle évidente?

Lignes 115–177
9. Où Pape et le médecin finissent-ils par aller?   10. Comment sont le
quartier et le café?   11. Que fait Pape pour les autres clients du
café?   12. Quand le médecin essaie d'empêcher Pape de trop boire, quel
sentiment Pape lui révèle-t-il?

Lignes 178–239
13. Comment Pape explique-t-il le fonctionnement de la Société des Cuirs
et Peaux?   14. Quel rôle Pape joue-t-il dans la société?   15. Pourquoi
la femme de Pape était-elle fière de son mari quand il est devenu directeur?   16. Comment certains Noirs haut placés dans la Société des Cuirs
et Peaux jugeaient-ils d'autres collègues sénégalais?

---

[17] **ne fera pas long feu** : won't last long

Lignes 240–258
17. Par comparaison à la situation financière de Pape, comment est celle des paysans sénégalais ?   18. Depuis combien de temps Pape est-il directeur de la Société des Cuirs et Peaux ?   19. Quelle décision Pape a-t-il prise ?   20. Que sait-il d'avance de l'avenir de son projet ?

Somme toute

1. Résumez l'histoire (oralement ou par écrit) en vous servant des **points à noter.**
2. Qu'est-ce que le patron parisien a accompli en nommant Pape Directeur Général de la Société des Cuirs et Peaux ?
3. Ayant lu l'histoire, expliquez ce que c'est qu'un « nègre de service ». Pourquoi Pape dit-il qu'il est un « nègre de service » ? Dans quel sens l'est-il ? Expliquez.
4. Pourquoi la pensée de Pape vis-à-vis de sa position professionnelle et sociale change-t-elle ?
5. Pape aurait très bien pu choisir de boire à la maison. Mais pourquoi a-t-il choisi d'aller dans des lieux populeux pour que tout le monde le voie ?
6. À qui Pape en veut-il *(is angry)*, à lui-même ou à son patron parisien ? Expliquez. Donnez des exemples du texte pour justifier vos affirmations.
7. Somme toute, comment les sociétés françaises s'enrichissent-elles au Sénégal ?
8. Le médecin dit en entrant dans un café avec Pape, qu'on les « observait tels des hommes d'une autre planète » (l. 155–156). Pourquoi les autres clients ont-ils cette réaction ?
9. Pape est persuadé d'avance que sa propre société ne durera pas longtemps. Pourquoi donc veut-il la monter ?
10. Dans l'avant-dernier paragraphe (l. 253–257), à qui le pronom « ils » fait-il référence ?
11. Somme toute, comment cette histoire arrive-t-elle à ne pas être tout simplement une histoire politique, anti-colonialiste ou anti-française ?

Extrapolation

1. Pourquoi a-t-il fallu dix ans à Pape pour comprendre qu'on se servait de lui dans la Société des Cuirs et Peaux ?
2. Quand le médecin demande à Pape quelle décision il a prise, Pape répond « Être » (l. 253). À votre avis, que veut-il dire par là ?
3. À votre avis, que dira le patron parisien quand il apprendra les raisons pour lesquelles Pape quitte son poste de Directeur Général de la Société des Cuirs et Peaux ?

4. Pape est persuadé qu'on l'a nommé Directeur Général de la Société des Cuirs et Peaux pour des raisons autres que ses qualifications. Que pensez-vous de cette pratique ? Est-elle courante ? Pouvez-vous citer des exemples dans votre culture qui ressemblent à la situation de Pape ?

5. Pape dit que « le nègre de service prolonge l'autorité coloniale » (l. 249 – 50). Comment est-ce possible ?

6. À votre avis, Pape a-t-il le droit de tout oublier : sa femme, sa position sociale, son travail, ses obligations, et ainsi de suite ? Pourquoi ou pourquoi pas ? À qui ou à quoi doit-il sa loyauté ?

7. Cette histoire vous rappelle-t-elle d'autres personnes qui ont pris des décisions aussi difficiles que celle de Pape ? Si oui, racontez brièvement ce que vous savez de ces gens et de leurs décisions.

8. Imaginez que vous êtes un(e) ami(e) de Pape. Que lui conseillez-vous quand il révèle qu'il veut quitter son poste ? Écrivez votre conversation avec Pape en vous servant des propos de Pape dans le texte.

Techniques de l'auteur

1. Quel vocabulaire Kâ utilise-t-il pour peindre une image de la vie des Sénégalais relativement pauvres ? Faites une liste de mots ou expressions qui décrivent cette vie.

2. Étudiez l'ordre et la construction, le mouvement et le rythme de la phrase chez Kâ (voir par exemple lignes 73 – 77 ; 199 – 205 ; 221 – 228 ; 229 – 239). Comment Kâ montre-t-il l'état mental changeant de Pape par ces genres de phrases ?

3. Bien que Pape soit le personnage principal de cette histoire, la plus grande partie est écrite du point de vue de quelqu'un d'autre (du point de vue soit de sa femme, soit du médecin, soit des gens qui l'observent). Qu'est-ce que cette technique contribue à la compréhension des sentiments de Pape ?

4. Comment Kâ prépare-t-il le lecteur pour la conclusion plutôt inattendue ?

10

Georges Boucher de Boucherville

Pierre-Georges-Prévost Boucher de Boucherville est né à Québec en 1814 mais il vit surtout à Montréal et à Boucherville.

Il est étudiant en droit quand il écrit ses deux premières nouvelles, l'une d'elles étant celle qui suit, **La Tour de Trafalgar.** L'immense succès de cette dernière, écrite à l'âge de vingt ans, l'inspire à en écrire une autre pour laquelle il remporte un prix de littérature. Georges de Boucherville, comme il aime qu'on l'appelle, finit ses études de droit et est reçu avocat en 1837. Dès lors, il se consacre entièrement à la politique et est arrêté cette même année pour trahison et rebellion contre le gouvernement. Après sa sortie de prison, il passe la plupart de son temps à défendre les activistes politiques et, pour éviter de se faire arrêter une seconde fois, il va au Vermont où il passe quelque temps avant de s'installer en Louisiane. Il retourne au Canada en 1840 et se marie l'année suivante. Homme actif et aventureux, il quitte sa femme peu de temps après, sans l'avertir quant à sa destination. Ce n'est que six mois plus tard qu'elle apprend qu'il est au Brésil. Il rentre au Canada après plusieurs années et meurt en 1894 à Saint-Laurent dans l'Île d'Orléans.

La Tour de Trafalgar reflète bien l'esprit mouvementé de Boucher de Boucherville. C'est l'histoire effrayante d'un homme qui part à la chasse dans les bois, histoire dont la narration vivante fait frissonner d'épouvante.

La Tour de Trafalgar

Pendant que vous lisez

A. **Points à noter.** Avant de lire, considérez les points suivants. Ils vous aideront à suivre le fil de l'histoire.

— ce que fait le narrateur dans la forêt
— le temps qu'il fait et comment il change
— la tour où se réfugie le narrateur
— la sensation qui le réveille et sa réaction
— ce que le narrateur voit sur le mur
— l'homme que le narrateur rencontre
— Léocadie et l'étranger
— la promenade de Léocadie et de son fiancé à la tour
— l'appréhension de Léocadie une fois à la tour
— la lutte

B. **Style et techniques.** En lisant **La Tour de Trafalgar,** remarquez les éléments suivants :

1. comment Boucher de Boucherville crée une histoire à l'intérieur d'une autre histoire
2. les descriptions et les thèmes de Boucher de Boucherville et le vocabulaire qu'il emploie

C. **Stratégies de lecture.** Étudiez la stratégie suivante et, pendant que vous lisez **La Tour de Trafalgar,** essayez de la mettre en pratique.

Quand on lit des phrases complexes, il est souvent facile de perdre le fil d'une idée à causes des incises *(nonessential clauses)* qui séparent les parties d'une phrase (sujet /verbe, verbe /complément, adverbe / verbe, et ainsi de suite). Regardez les exemples suivants :

— **Le soleil,** énorme, brillant comme un bijou qu'on venait de ciseler, **apparaissait** au-dessus de la montagne.
— Donne-moi ta femme, ingrat ! et **si,** me sachant pauvre, **elle accepte** de s'attacher à moi, **je te cède tous mes biens.**

— **On raconte même que,** précisément à cause de la présence de ce géant colossal ainsi pétrifié dans la montagne, **les Indiens évitaient autrefois de se montrer** dans les parages *(area).*

Les éléments complémentaires de certaines phrases complexes sont accentués dans **La Tour de Trafalgar.** Ils vous aideront dans la lecture de l'histoire.

Êtes-vous jamais allé jusqu'au Fort des Prêtres à la montagne? Vous êtes-vous *enfoncé* quelquefois dans les sombres *taillis* qui bordent au sud-ouest la *montée* qui conduit à la Côte-des-Neiges? **Et si vous avez été** *tant soit peu* **curieux** d'examiner les sites pittoresques, les vallées qui s'étendent jeunes et fleuries sous vos yeux, les rocs qui parfois *s'élèvent* menaçants au-dessus de vos têtes, **vous n'êtes pas sans avoir vu** *comme une tache* blanchâtre qui apparaît au loin, à gauche, sur le *fond* vert d'un des *flancs* de la montagne. Eh bien, **cette tache** qui de loin vous semble comme un point, **c'est une petite tour** *à* la forme gothique, aux souvenirs sinistres et sombres pour celui qui connaît la scène d'horreur dont elle a été le théâtre.

plunged
groves/slope

ever so little

rise

a sort of spot
background/sides

with

▲ **Quelle scène d'horreur imaginez-vous?**

I
L'Orage

C'était il y a quelques dizaines d'années, par un beau jour du mois de juin; le soleil s'était levé brillant. Je pris mon *fusil,* et suivi de mon chien, je me dirigeai

gun

vers le Fort des Prêtres, dans l'intention de ne revenir
que le soir à la maison.

▲ **Que fait le narrateur ?**

20 Il était midi quand j'arrivai à la Croix Rouge, à laquelle
se rattache le souvenir de l'exécrable Bélisle. La terre
était couverte de mille fleurs nouvellement *écloses*, la   *opened*
végétation se faisait avec vigueur, **les feuilles des
arbres,** qui commençaient à se développer, **formaient**
25 **une** *ombre* qui s'étendait *épaisse* sur le gazon. Assis   *shadow/thick*
sous un grand *orme*, j'écoutais le gazouillis des oiseaux   *elm*
qui se répétait mélodieux, pour se perdre ensuite dans
le murmure d'un petit *ruisseau* qui *coulait* à ma droite.   *brook/was flowing*
Le zéphyr doux et chaud, tout en *secondant* le déve-   *assisting*
30 loppement de la nature, **portait aux sens** une étrange   *senses*
impression de *volupté.* Après quelques heures d'une   *sensual pleasure*
délicieuse nonchalance, je me mis à la poursuite d'une
couvée de *perdrix* que mon chien *avait fait lever,*   *partridge/had flushed*
et insensiblement je *m'égarai* dans la montagne.   *got lost*

▲ **Quelle sorte de journée est-ce ?**

35 Déjà il se faisait tard, quand je m'aperçus que
j'avais perdu ma route. Le temps s'était enfui rapide,
d'énormes nuages couleur de bronze roulaient dans
l'espace, et par moments voilaient le soleil, qui déjà
rasait la *cime* des hauts *chênes.* Bientôt les nuages se   *top/oaks*
40 condensèrent, et formèrent comme un dôme immense
qui s'étendait sur tout l'horizon et menaçait de
dissoudre et de *s'abîmer* en pluie. Les oiseaux fuyaient   *dissolve/collapse*
d'un vol rapide, et cherchaient un *abri* contre l'orage   *shelter*
qui allait bientôt *éclater.* Le vent s'était élevé terrible   *burst*
45 et *soufflait* furieux à travers la forêt. Quelques *éclairs*   *was blowing/*
déchiraient les *nues* et serpentaient avec une majes-   *lightning bolts/*
tueuse lenteur. Déjà même on entendait le *tonnerre*   *tore/clouds/*
qui ronflait *sourd* dans le lointain. Quelques gouttes   *thunder*
d'eau tombaient larges sur les feuilles des arbres ; et   *muffled*
50 moi, j'étais là, seul, isolé, au milieu de la montagne,
sans guide ni *sentier* pour retrouver mon *chemin.*   *path/way*

▲ **Comment le temps change-t-il ? Comment cela
affecte-t-il le narrateur ?**

Dans l'étrange perplexité où je me trouvais, je saisis-
sais avec avidité tout ce qui aurait pu m'être utile,
j'écoutais avec anxiété *le moindre* bruit, mais je n'en-   *the least*

tendais que le cri de la *chouette,* qui *se mêlait* seul et prolongé aux *sifflements* du vent. Un instant je crus entendre le bruit d'une *sonnette* dont le son *fêlé* vibra, en ce moment, doux à mes oreilles. **Je me précipitai,** *le cœur serré,* **vers l'endroit** d'où le son paraissait sortir.

screech-owl/was mingling/ whistling/small bell/cracked

(with a) heavy heart

▲ **Pourquoi écoute-t-il attentivement ces sons ?**

En avançant j'entendis distinctement la marche d'un homme ; j'allais être *sauvé.* Mais je fus frappé d'un bien cruel désappointement, quand je reconnus que ce n'était que l'écho de mes *pas* qui avait causé mon illusion : et le son, **ce n'était autre chose qu'un courant d'air qui,** s'introduisant avec impétuosité dans la fissure d'une branche *fendue,* **imitait** de loin le bruit d'une *clochette* fêlée.

saved

footsteps

split
small bell

▲ **Pourquoi espérait-il rencontrer une présence humaine ?**

II
La Tourelle

J'errais ainsi çà et là, sans autre abri que les arbres contre la pluie qui me *fouettait* le visage. Mes *hardes imbibées* d'eau me claquaient sur les jambes. *Transi de froid* je me mis dans le *creux* d'un chêne dont les craquements horribles servaient *fort peu* à me rassurer. À chaque *rafale* de vent, je croyais le voir s'abîmer sur moi, et ce ne fut qu'après quelque temps d'une aussi cruelle position,[1] qu'un éclair *vint reluire* immense et montra *à découvert* une espèce de petite tour qui n'était qu'à quelques dizaines de pas de moi, mais que l'obscurité ne m'avait pas encore permis d'apercevoir. Je me précipitai dans cette tour qui se trouvait là, *si* à propos.

was wandering

was whipping/ clothing/soaked/ "frozen stiff"/ hollow/very little

gust

flashed
in the open

so, so much

▲ **Pourquoi est-il content de trouver la tour ?**

Cet *asile ne* valait pourtant *guère* mieux que celui que je venais de quitter. Les *châssis* brisés laissaient entrer la pluie de tous côtés. Quelques *soliveaux* à demi *pourris* formaient tout le *plancher* qu'il y avait. Il me

refuge/hardly
window frames
beams
rotten/floor

---

[1] **d'une aussi cruelle position :** The narrator was crouched down uncomfortably in the hollow of the tree.

fallait marcher avec précaution pour ne pas tomber
dans la *cave* qui s'ouvrait *béante* sous mes pieds, et qui   *cellar/gaping*
pouvait bien être le *repaire* de quelque reptile veni-   *den*
meux.

90   Le vent sifflait à travers les *fentes* de la couverture   *gaps*
avec une horrible furie ; l'eau *ruisselait*, et ce ne fut pas   *was streaming in*
sans une peine infinie que je parvins à boucher l'ouver-
ture par où elle se précipitait écumante dans la tour.[2]
Épuisé de fatigue et de faim, je ne pus résister au som-   *exhausted*
95   meil qui *s'emparait* de mes sens malgré moi ; et je suc-   *was getting hold*
combai *plutôt* à l'excès de mon *abattement* qu'au désir   *rather/low spirits*
de dormir. Mon fusil chargé, et prêt à faire feu sur
le premier qui viendrait *abuser de* ma situation, je   *take advantage of*
me tapissai le long du mur, mon chien près de moi pour   *pressed myself*
100 me servir de gardien.

▲ **Pourquoi reste-t-il dans la tour ?**

Il y avait à peine quelques minutes que j'avais
fermé l'œil, quand je sentis comme quelque chose de
froid qui me passa sur le visage, comme une main qui
se glissait sur mon corps...   *was sliding*

▲ **À votre avis, qu'est-ce qui aurait pu passer sur son
visage ?**

105 Je *frémis*, un frisson mortel me circula par tous les   *shuddered*
membres, mes cheveux *se dressaient raides* sur ma   *stood on end*
tête. J'étais comme asphyxié, je n'avais ni le courage de
me lever, ni la force de saisir mon fusil... Jamais je n'ai
cru aux *revenants*, mais ce qui me passa par la tête en ce   *ghosts*
110 moment, *je ne saurais le dire*... Était-ce quelque esprit   *I couldn't say*
de l'autre monde, quelque *génie* de l'enfer qui serait   *spirit*
venu pour m'effrayer ? Je ne le crois pas.

▲ **Pourquoi pense-t-il à des esprits d'un autre monde ?**

Était-ce une main, une véritable main d'homme qui
m'avait touché ? *Ça se peut*. Était-ce un reptile qui   *that's possible*
115 m'avait glissé sur le corps ? Ça se peut aussi. Était-ce un
effet de mon imagination trouble et affaiblie ? Ça se
peut encore. *Toujours est-il certain*, que jamais je   *anyhow it's true*
n'éprouvai aussi *pénible* sensation de ma vie ! Si vous   *painful*
n'avez jamais éprouvé les *atteintes frissonnantes* de la   *attacks/shivering*
120 peur, mettez-vous à ma place, et vous jugerez aisément
de l'horreur de ma situation.

[2] **ce ne fut pas... tour** : it was with great difficulty that I managed to stop up the opening from
where it (the water) was rushing into the tower foaming.

▲ **Pourquoi raisonne-t-il de cette manière ?**

Le tonnerre *rugissait épouvantable ;* les éclairs se suc-
cédaient sans interruption, et semblaient *embraser* la
forêt et n'en faire qu'une vaste *fournaise.* **Mes yeux,**
éblouis des éclats de lumière, **furent frappés soudain** de
la vue du *sang* qui avait *jailli* sur le mur. On en voyait
quelques gouttes sur le panneau de la porte. Il me serait
impossible de vous décrire les idées affreuses et incohérentes qui vinrent m'*assaillir* en ce moment !... une
personne peut-être avait été assassinée là, en cet endroit où je me trouvais moi, seul, au milieu de la
nuit !... Peut-être était-ce quelque assassin qui tantôt
avait passé la main sur moi ; sans doute pour saisir mon
fusil, pour m'*ôter* ma seule arme, ma seule défense !...
Mais mon chien était là, *à mes côtés,* reposant tranquille ; et si c'eût été quelque être malfaisant, l'eût-il
laissé approcher sans m'avertir de sa présence ?...[3] Je ne
cessais de faire mille conjectures sur ce sang, sur cette
main, quand *je crus m'apercevoir* que les nuages commençaient à se dissiper.

was roaring/horribly
set afire
oven

blood/spurted

beset

take away
at my side

I thought I noticed

▲ **Pourquoi la vue du sang frappe-t-elle tant le narrateur ?**

La pluie avait diminué d'intensité, et bientôt elle cessa
de tomber. Quelques éclairs brillaient encore mais
rares. Le tonnerre *s'éloignait,* mais toujours en rugis-
sant, comme un lion qui *se retire* de la scène de carnage
où il a exercé sa fureur, plus parce qu'il n'y a plus rien
qui lui résiste que parce qu'il est obligé de céder à un
plus fort.

was moving away
withdraws

▲ **À votre avis, que fera le narrateur ?**

III
Rencontre

Aussitôt que je vis que la pluie avait entièrement
cessé, je *m'élançai* vite *hors de* cette tour, la *fuyant*
comme s'il y eût eu là quelque chose qui me faisait
horreur. Et en effet, j'y avais vu du sang... Une main...
Je marchais d'un pas véloce, sans savoir où j'allais. **Le
moindre bruit,** le *roulement* d'une pierre que j'avais
détachée sous mes pieds, et dont les *bonds* saccadés se
répétaient sur les *rochers au-dessous,* **tout,** jusqu'aux

darted/outside/
fleeing

rolling
loosened/jumps
rocks/below

---

[3] **si c'eût été... présence ?** : had it been someone meaning to do me harm, would he (the dog)
have let him approach without warning me?

branches que je *froissais*, **me faisait frissonner.** À   *rustled*
chaque instant je tournais la tête croyant entendre der-
rière moi les pas d'un *meurtrier* qui allait m'*atteindre*.   *murderer/attack,*
Et quelquefois il me semblait voir une main qui   *"get"*
160 *s'allongeait sanglante* pour me saisir... **Je m'efforçais,**   *was stretching*
mais en vain, **de chasser cette idée** de mon esprit;   *out/bloody/tried*
c'était quelque chose qui me *poursuivait* partout, et   *followed*
me *pressait* comme un *cauchemar*.   *weighed on/*
    nightmare

▲ **Quelles sortes d'idées l'obsèdent?**

La nuit était encore obscure, et au lieu de prendre
165 le bon chemin, je m'enfonçai plus avant dans le bois:
tellement que le soleil était déjà haut, et brillait ra-   *so much that*
dieux au ciel, quand j'arrivai de l'autre côté de la montagne. Je cherchais avec avidité quelque *hutte*, quelque   *hut*
cabane, où je pus trouver quelqu'un qui me donnerait   *cabin*
170 l'hospitalité, qui me fournirait un lit pour me reposer
ou un morceau de pain pour assouvir la faim qui me
dévorait et m'*étreignait* de ses pointes aiguës. Mes re-   *gripped*
gards se plongeaient inquiets dans les longues avenues
qui s'étendaient obscures devant moi; et rien ne frap-
175 pait ma vue et je mourais de faim, et cette main... et ce
sang... Et *il me tardait* de savoir quelques particularités   *I longed*
sur un fait qui devait avoir *fait du bruit* dans les en-   *caused a stir*
virons.

▲ **De quel fait parle-t-il? Qu'est-ce qui aurait pu arriver?**

Je désespérais presque de trouver là quelque demeure
180 habitée, quand **je crus voir** au loin, derrière un taillis,
comme un objet bleuâtre qui *se détachait* sur le fond   *stood out*
blanc d'un roc aride. Je *me hâte*, imaginez ma joie,   *hurry*
j'arrive, c'est une cabane!... Mais ma surprise fut
cruelle quand **je vis un homme** au *regard farouche*,   *fierce look/*
185 *à la taille haute*, aux épaules *larges* et dont les   *tall/broad*
muscles se dessinaient avec force, **qui me dit** avec
aigreur qu'il n'avait rien pour moi, et que sa maison   *surliness*
ne pouvait servir d'abri à *qui que ce fût*. J'eus peur de   *anyone*
cet homme. Il était assis sur un tronc d'arbre, et *affilait*   *was sharpening*
190 sur une vaste pierre une *hache* qui paraissait avoir été   *ax*
rougie par du sang; et **il la cacha**, avec un singulier   *reddened*
geste de *mécontentement*, **sous une branche** qui était   *discontent*
à ses pieds.

▲ **Pourquoi la vue de l'homme augmente-t-elle
l'appréhension du narrateur?**

— Si vous ne pouvez me donner un morceau de pain, lui dis-je, dirigez-moi du moins vers la plus prochaine habitation ; je me suis égaré, et j'ai passé la nuit dans la montagne.

— Vous, vous avez couché dans la montagne, au milieu du bois, fit-il, avec un sourire forcé.

— Oui, et je suis bien épuisé, et je n'ai pu me reposer, l'orage et puis...

— Et puis, où avez-vous couché par un temps *pareil* ?

like that

— Je me suis mis *à couvert* dans une espèce de petite tour ; mais je promets bien de n'y plus passer une autre nuit ; du sang... une main...

under cover

▲ **À votre avis, comment l'homme réagira-t-il à ce que le narrateur dit ?**

— Comment, dit-il en contractant ses lèvres avec une espèce de frémissement qu'il s'efforçait de cacher, vous y avez vu une main ? Et était-ce une main d'homme ? En êtes-vous certain ? Avez-vous vu quelqu'un ? Avez-vous entendu marcher hors de la tour ?

— Non, je n'ai rien vu, rien entendu ; seulement il m'a semblé que ce devait être une main. Mais ce pouvait bien être un effet de la peur qui *influait* furieusement sur mon *moral*, dans une si étrange position de mon physique.— Ma réponse parut lui faire plaisir.

had an influence
mind

— Vous êtes jeune, et sans doute la crainte, l'imagination des revenants...

Et il s'arrêta, comme pour voir si dans mes traits, ma contenance, il ne découvrirait pas quelles étaient mes pensées.

▲ **Pourquoi l'homme s'intéresserait-il à ce qui est arrivé au narrateur ?**

— N'avez-vous pas entendu, continua-t-il, comme un bruit sourd qui sortait de la cave, une espèce de frémissement ? Du sang était-il encore là ? En avez-vous vu, dites-moi, du sang, en avez-vous vu ? — **Et l'expression de son visage,** *en appuyant sur* ces derniers mots, **avait quelque chose de si atroce,** que je *reculai* d'un pas.

while stressing
stepped back

— Oui, sur le mur, sur le panneau, quelques gouttes, mais rares, mais *effacées* par le temps...

faded

— Et savez-vous quelle est la cause de ce sang que vous avez vu ? Connaissez-vous quelques particula-

rités sur le crime qui a été commis là, à la petite tour?
Qu'en dit-on à la ville? Qui *soupçonne*-t-on de ce   *suspect*
235 *forfait?*   *crime*

    Et comme je lui assurai que je n'en savais rien.

    — Je vous crois un gentilhomme, dit-il, puis-je
compter sur votre *parole?*   *word*

    Je lui *jurai* sur mon honneur de ne rien dire de ce   *swore*
240 qu'il lui plairait de me raconter.

    — Puisque vous me promettez de tenir le secret,
je vais vous *dévoiler* un crime horrible, affreux, atroce,   *reveal*
tel que la barbarie en présente rarement dans les pages   *such as*
ensanglantées de l'histoire. Mais avant tout encore une
245 fois, jurez de n'en jamais rien dire.

▲ À votre avis, pourquoi l'homme veut-il que le
   narrateur ne dise rien de cette histoire?

    Et il courut à sa cabane, et en rapporta quelques
feuilles de papier sales et noires, et il lut :

IV
La Jalousie

    C'était le quatre de mars, tout juste dix-neuf mois
après la mort de son père et de sa mère.
250 Le timbre du *cadran* venait de sonner six heures   *clock*
et demie. Les prières de la neuvaine[4] étaient finies
depuis longtemps ; les longues files des *fidèles* avaient   *worshipers*
circulé avec lenteur, et s'étaient écoulées silencieuses
dans les rues. Léocadie seule était restée dans le temple
255 du Seigneur. Elle s'était *humiliée* aux pieds du prêtre   *humbled*
pour lui faire l'*aveu* de ses fautes.   *confession*

▲ Où est Léocadie?

Dans ce moment **un jeune homme,** grand, *bien fait,* de   *well built*
vingt-cinq ans environ, **entra dans l'église.** C'était
d'ordinaire l'heure à laquelle il s'y *rendait,* non pas tant   *went*
260 pour prier Dieu, que pour *jouir du* spectacle, vraiment   *enjoy*
grand, que présente un édifice immense qui se voile
des ombres de la nuit. Une lampe brûlait immobile au
milieu du chœur, et sa lumière vacillante se reflétait
pâle sur l'*autel.* **Le silence de mort,** religieusement   *altar*
265 *solennel* qui régnait alors ; **l'ombre des *piliers*** qui   *solemn/columns*
se dessinait sur le fond grisâtre des murs, et qui s'éva-   *was cast/was*
nouissait comme des fantômes dans les *voûtes* ; **tout**   *vanishing/arches*

---

[4] **neuvaine** : novena; in Catholicism, prayers repeated on nine consecutive days

jusqu'à l'écho même de ses pas, **avait pour lui un charme,** un *attrait* indéfinissable. **C'est là** au milieu des objets qui partout vous présentent l'image d'un Dieu, où votre *âme* enveloppée d'une essence divine s'élève à la hauteur de son être, et contemple dans son vrai jour les œuvres du créateur ; **c'est là que lui, il aimait à rêver** à l'amour et à ses brillantes illusions.

attraction

soul

▲ **Que savez-vous du jeune homme qui entre dans l'église ?**

Longtemps il était resté plongé dans une méditation profonde, quand il en fut tiré par l'apparition de quelque chose qui se mouvait dans le *haut* de l'église ; et un instant après, il aperçut comme un objet blanc qui s'enfonça et disparut derrière l'autel. Il s'avança doucement et distingua une jeune fille à genoux sur le marchepied de l'autel. C'était Léocadie. Elle était *revêtue* d'une longue robe de lin, un *ruban* de couleur de rose dessinait sa *taille* svelte et légère. Oh ! qu'elle était belle en cet état ! On l'eût prise pour un de ces êtres célestes, une de ces créatures immortelles, telle que l'eût *forgée* l'imagination des poètes. **Sa tête,** aux longs cheveux d'ébène, pieusement inclinée vers le tabernacle **annonçait** que sa prière était finie. Elle se leva majestueuse, et d'un pas léger traversa la nef et sortit.

top

dressed
ribbon
waist

created

▲ **Quelle impression Léocadie fait-elle sur le jeune homme ?**

Le lendemain, il la revit simple et modeste au milieu de ses *compagnes* ; et il conçut pour elle un amour fort et violent comme la passion qui l'avait fait naître.

    Dix-sept ans, une figure douce et spirituelle, des manières agréables, une assez jolie fortune, avaient fait de Léocadie la personne la plus intéressante et le meilleur *parti* de la Côte-des-Neiges où elle demeurait avec sa vieille tante. Oh ! Léocadie pourquoi l'as-tu connu ce jeune homme ?... Tous les jours il se rendait chez la tante de Léocadie, et de plus en plus il *attisait* dans son *sein* ce *feu* **dévorant qui** comme un volcan embrasé, **devait un jour éclater** terrible pour eux deux.

the next day
friends

(marriage) match

fanned
heart, bosom/fire

▲ **Qu'est-ce que cette dernière phrase pourrait prédire ?**

    Il y avait déjà près de trois mois que l'étranger fréquentait Léocadie ; il lui avait fait un aveu de sa

305 *flamme*, de la passion qu'il ressentait pour elle. Et Léocadie était trop bonne et trop *sensible*. Elle savait
qu'elle lui ferait de la peine en lui disant de ne plus
revenir ; et elle n'*osait* lui dire « qu'elle ne pourrait
jamais l'aimer ; que son cœur, à elle, ne lui appartenait
310 plus, qu'il était pour un autre »... Ah ! *que* ne l'a-t-elle
dit dès les premiers jours ; que ne l'a-t-elle renvoyé
aussitôt qu'elle l'eût connu : et qu'elle eût *épargné* de
pleurs et de *remords !*... Avec son amour, une jalousie
avait germé épouvantable dans le cœur de l'étranger. Il
315 ne pouvait *souffrir* que quelqu'un parlât à Léocadie.
Sans cesse obsédée de ses *importunités*, elle déclara un
soir à sa tante qu'elle ne voulait plus le voir, et la pria de
le lui dire.

flame, passion

sensitive

dared

(here) why

spared
remorse

bear
(here) bothersome
advances

▲ **Pourquoi ne veut-elle plus voir l'étranger ? À votre
avis, comment l'étranger réagira-t-il ?**

Oh ! comme il en avait coûté à son cœur de faire cette
320 réception à l'étranger. Si elle n'eût consulté qu'elle
seule, peut-être ne l'eût-elle pas fait. Mais son *devoir*
l'y obligeait ; c'est à ce devoir qu'elle obéit.

duty

▲ **De quel devoir s'agit-il ?**

Dès que l'étranger eut appris de la tante de Léocadie que *c'en était fait* de ses espérances, qu'il ne la
325 reverrait plus jamais ; dès ce moment il jura dans son
cœur, dans son cœur d'enfer, de *se venger* de celle qu'il
avait tant aimée, mais qu'en ce moment il sacrifiait à sa
fureur et à sa jalousie. Il avait juré de tirer une vengeance épouvantable, et il ne *songea* plus *dès lors* qu'à
330 préparer les moyens de consommer son abominable
dessein. Et **Léocadie,** toujours innocente, toujours
calme au milieu de l'orage qui se formait sur sa tête, **ne
pouvait pas même s'imaginer** qu'on pût lui vouloir le
moindre mal ; tant la haine et la vengeance étaient une
335 chose étrangère à son âme.

that was it

avenge himself

thought/from then on

scheme

▲ **Quelles sont les intentions de l'étranger ?**

En partant l'étranger avait voulu voir Léocadie, et
il lui avait dit avec un air de froide ironie, « regarde le
soleil, comme il est rouge ; il est rouge comme du feu,
comme du sang, oui comme du *sang qui doit* couler »,
340 et il l'avait quittée brusquement.

run, flow

▲ **Quel effet l'étranger veut-il produire sur Léocadie ?**

V
La Vengeance

Cependant **celui qu'elle aimait,** celui que son cœur avait choisi parmi tous les autres, il **s'était approché de Léocadie.** Et lui aussi, il lui avait déclaré son amour ; et il était payé du plus tendre retour. Depuis deux *lunes* ils s'étaient *confié* leur tendresse mutuelle, et les *nœuds* sacrés de l'*hymen* devaient bientôt les unir de *liens* indissolubles. Deux lunes s'étaient écoulées paisibles, sans qu'ils eussent entendu parler de l'étranger qui pourtant ne cessait de *veiller* avec des yeux de *vautour* sur le moment de saisir sa *proie.*

moons/entrusted
bonds/marriage
ties

watch
vulture/prey

▲ Léocadie se soucie-t-elle des avertissements de l'étranger ?

Par un beau dimanche, après la messe, Léocadie et son *amant* partirent ensemble pour aller se promener à la montagne, et jouir du frais, sous les arbres au feuillage touffu. Ils *cheminaient* pensifs. Léocadie *s'appuyait* languissamment sur le bras de Joseph (c'était le nom de celui qu'elle aimait) ; et **tous les deux,** les yeux attachés l'un sur l'autre, ils **gardaient un silence profond,** mais qui en disait plus que les discours les plus passionnés ; tant le langage du cœur a d'expression pour deux âmes pures qui sympathisent et s'entendent. Oh ! comme le cœur de Léocadie battait rapide sous le bras de Joseph qui la *soutenait* avec délices, avec *transport.* Oh ! comme il était heureux Joseph, quand Léocadie lui disait avec sa charmante expression de naïveté, « ah ! si tu savais comme je t'aime ! » Et cependant les heures fuyaient nombreuses, et ils n'étaient encore arrivés qu'au pied de la montagne. Ils mesuraient leurs pas sur le plaisir et le bonheur de marcher ensemble. C'est ainsi qu'ils se rendirent jusqu'à la petite tour ; et quand ils y arrivèrent, Léocadie était fatiguée.

lover

were walking along/was leaning

supported
ecstasy

▲ Comment l'amour de Joseph et de Léocadie se manifeste-t-il ?

Elle voulut s'asseoir sur la verte pelouse, à l'ombre d'un *tilleul* dont les *rameaux* s'étendaient nombreux, et formaient comme un *réseau* qui arrêtait les rayons du soleil. **La** *tiédeur* **de l'atmosphère** tout en *énervant* les membres, *répandait* dans les sens cette *molle* lan-

linden tree/boughs
network
mildness/irritating
spread/sluggish

gueur, ce *je ne sais quoi* qui coule avec le sang dans les   *"certain something"*
veines, et donne à tout notre être cette volupté déli-
cieuse qui *amollit* le corps et *dilate* l'âme, alors qu'elle   *relaxes/swells*
380 nous plaît et nous embrase. **Joseph,** *penché sur* le   *bent over*
sein de sa fiancée, **aspirait l'amour** avec le parfum
des fleurs. Léocadie elle, elle était préoccupée. Ses
deux grands yeux erraient distraits autour d'elle. Au
moindre bruit elle *tressaillait.* La *chute* d'une branche,   *started, jumped/*
385 le *friselis* d'une feuille, lui causaient une émotion pé-   *falling/rustling*
nible, dont elle ne pouvait s'expliquer la cause. Évi-
demment il y avait quelque chose qui l'inquiétait ; et
Joseph ne savait qu'en penser ;[5] **son cœur** à lui, bon et
sensible, **souffrait** de la voir en cet état.

▲ **Qu'est-ce qui pourrait être la raison de l'inquiétude
de Léocadie ?**

390   — Oh! ma Léocadie, lui disait-il, en lui *serrant* la   *squeezing*
main, *qu'as-tu ?* dis-moi ce qui cause ton agitation.   *what's wrong*
Craindrais-tu quelque chose avec moi, avec ton Joseph
qui est là, à tes côtés, qui veille sur sa bien-aimée ?
     — Mais je n'ai rien moi ; je ne vois pas où tu
395 prends que je suis agitée.
     Et tout en assurant qu'elle était tranquille, elle
jetait tremblante la vue de tous côtés.
     — Ah! Léocadie, je vois bien que quelque chose
t'occupe, mais tu veux me le cacher ; tu crains de me le
400 dire, je croyais que tu m'aimais plus que cela.
     — Eh bien regarde, dit-elle, regarde le soleil ;
vois-tu comme il est couvert d'une *teinte* rougeâtre ;   *tint*
c'est ça qui m'inquiète. Je n'aime pas à voir le soleil
rouge, il me fait peur.

▲ **Qu'est-ce que le soleil rouge lui rappelle-t-il ?**

405   — Ah! *folle,* laisse cette idée ; c'est un *enfantil-*   *silly/childishness*
lage ; voyons, ne t'en occupe plus.   *come on*
     Et **Léocadie,** comme si elle eût eu honte de sa peur,
s'était cachée le visage dans ses deux mains.

▲ **Pourquoi aurait-elle honte de sa peur ?**

En ce moment ils entendirent derrière la tour comme
410 des pas d'homme, dont le son vibra affreusement sur
chacune des cordes de son âme. Joseph *n'y* fit *point*   *not at all*
attention ; et Léocadie sembla ne pas le remarquer,
pour ne lui causer aucune inquiétude. **Cependant,**

---

[5] **Joseph... penser** : Joseph didn't know what to make of it.

comme si'il y eût eu quelque chose qui *agissait* là, dans son âme, dans son âme *prévoyante* de quelque malheur, **elle se retourna vers Joseph.** *(was at work / foreseeing)*

— Viens, lui dit-elle, je veux partir d'ici, je ne suis pas à mon aise. Ah! *viens-t'en.* — Et elle voulait l'*entraîner* avec elle. *(let's go/drag)*

— Avant de partir, entrons au moins un instant dans la tour, avait répondu Joseph.

▲ Comment l'inquiétude de Léocadie est-elle justifiée?

Comme ils mettaient le pied sur le *seuil* de la porte, un nuage passa rouge sur le disque du soleil ; et une ombre, une ombre de mort se répandit sur le visage de Joseph. À cette vue, Léocadie tressaillit, et une *larme* roula brillante sur sa joue, Joseph l'*essuya*, sourit et se penchant sur le *front* de Léocadie il lui donna un *baiser*. **Au même instant,** et comme si ce baiser eût été le signal que le monstre attendait pour exécuter son crime, **il se précipite** rapide comme la *foudre*, sur ces deux victimes. Léocadie a reconnu l'étranger. Un couteau brille à sa main. Elle se rappelle le soleil de sang, jette un cri, pâlit, et tombe *sans connaissance* et sans vie aux pieds de son assassin qui l'a frappée au cœur. *(threshold / tear/wiped / forehead / kiss / lightning / unconscious)*

▲ Comment l'étranger tue-t-il Léocadie?

Joseph s'est élancé sur lui. Il est sans arme, mais il veut venger Léocadie, ou bien *expirer* avec elle, avec elle qu'il aimait plus que la vie. Une lutte s'engage violente, l'étranger enlève Joseph dans ses bras nerveux, et le *terrasse* sous lui. Un genou sur sa poitrine, il le saisit à la gorge. Le malheureux fit de vains efforts pour se *débarrasser* des *serres* de fer qui l'*étranglaient.* Ses yeux roulaient convulsivement dans leur *orbite*, ses *nerfs se raidirent* et tous ses membres *se tordaient* affreusement. L'assassin ne *lâcha prise* qu'après que le *râle* creux de la mort l'eût assuré que sa vengeance était satisfaite... *(die / throws to the ground / get out of/clutches/were strangling/socket/nerves/stiffened/writhed/let go/rattle)*

▲ Comment la vengeance de l'étranger a-t-elle été satisfaite?

VI
Le Loquet *(locket)*

Ayant fini sa lecture, il *ploya* avec soin ses feuilles demi déchirées, et les enferma dans une boîte, d'où il tira une espèce de petit loquet. *(folded)*

— Approchez, me dit-il ; voici des cheveux de
Léocadie. Elle portait ceci à son cou ; et ce que vous
voyez *au revers* est de la propre main de Joseph.   *on the back*

455   On lisait cet acrostiche,[6] au bas d'une *miniature*   *portrait*
de Léocadie : —

       Le Dieu[7] qu'à Cythère[8] on adore
       En tes yeux *fixa son séjour ;*   *resided*
       Ornés de *cils, mouillés* encore,   *eyelashes/wet*
       C'est là que repose l'amour.
460   Ah ! qui peut *égaler* les charmes   *equal*
       De ces yeux qu'amour *embellit,*   *beautifies*
       Iris[9] devant eux *rend* les armes   *surrenders*
       Et va se cacher de *dépit.*   *resentment*

     — Eh bien, me dit-il ensuite avec un air calme et
465 un ton solennel, « vous avez entendu : Rappelez-vous
votre promesse ! »

▲ **De quelle promesse l'homme parle-t-il ?**

     Je m'éloignai rapidement de cet individu.

Récapitulation

Lignes 1–68
1. Où cette histoire a-t-elle lieu ?   2. Que voit le narrateur et qu'entend-
il pendant qu'il est à la chasse ?   3. Que lui arrive-t-il en chassant les
perdrix ?   4. Qu'est-ce que le narrateur croit entendre dans les bois ?

Lignes 69–140
5. Où va-t-il pour se protéger contre la pluie ?   6. Quel est l'état de cette
tour ?   7. Qu'arrive-t-il au narrateur une fois dans la tour ?   8. Pourquoi se réveille-t-il ? Comment se sent-il ?   9. Que voit-il sur le mur ?

Lignes 141–247
10. Que fait le narrateur quand il s'arrête de pleuvoir ? Que cherche-
t-il ?   11. Comment réagit-il à l'homme qu'il voit ?   12. Qu'est-ce
que l'homme veut savoir quand le narrateur lui parle de la tour ?
13. Quelle histoire l'homme va-t-il révéler au narrateur ?

Lignes 248–340
14. Qui observe Léocadie dans l'église ?   15. Quel genre de jeune fille
est-ce ? Décrivez-la.   16. Comment le jeune homme montre-t-il l'inten

---

  [6] **acrostiche** : acrostic (a series of verses in which the first letter of each verse forms a word o
    phrase read vertically.)
  [7] **Dieu** : Aphrodite, the goddess of love
  [8] **Cythère** : Cytherea, a small island off southern Greece, famous as a sanctuary for Aphrodit
  [9] **Iris** : a messenger of the gods, regarded as the goddess of the rainbow

sité de son amour pour Léocadie ?   17. Qu'est-ce que Léocadie demande à sa tante de faire ? Pourquoi ?   18. Comment le jeune homme réagit-il ?

Lignes 341 – 447
19. Où Léocadie et Joseph, son fiancé, se promènent-ils ?   20. Comment Léocadie se sent-elle quand ils se reposent près de la tour ? 21. Qu'entendent-ils derrière la tour ?   22. Qu'arrive-t-il à Léocadie quand Joseph l'embrasse ?   23. Que font l'étranger et Joseph ?

Lignes 448 – 467
24. Où l'homme met-il les pages où cette histoire est écrite ? Que montre-t-il de plus au narrateur ?   25. Que fait le narrateur après avoir entendu l'histoire de Léocadie ?

Somme toute

1. Résumez l'histoire (oralement ou par écrit) en vous servant des **points à noter.**
2. Quels sont les différents sentiments que le narrateur éprouve avant et après l'orage, et après avoir entendu l'histoire de Léocadie ? Qu'est-ce qui influence ses sentiments ?
3. Deux fois dans l'histoire, le narrateur sent des pas derrière lui (l. 61 ; l. 157 – 158). Comment ces deux expériences diffèrent-elles ?
4. Le narrateur dit au sujet de l'homme qu'il rencontre après l'orage : « J'eus peur de cet homme » (l. 188 – 189). Pourquoi a-t-il peur de lui ?
5. Avant que l'homme lise l'histoire de Léocadie, qu'est-ce qui indique qu'il pourrait savoir quelque chose de ce qui s'est passé dans la tour ?
6. Quand Léocadie et Joseph entendent des pas derrière la tour, ils réagissent chacun d'une manière différente (l. 411 – 412). Comment expliquez-vous cette différence ?
7. Comment la jalousie de l'étranger se manifeste-t-elle ?

Extrapolation

1. À votre avis, qu'est-ce que le narrateur a fait après avoir quitté l'homme qui lui a raconté l'histoire de Léocadie ? A-t-il gardé sa promesse de n'en rien dire ? Est-il retourné à la tour ? A-t-il cherché à s'informer un peu plus sur ce qui est arrivé ?
2. Après avoir vu du sang dans la tour, le narrateur dit : « Il me serait impossible de vous décrire les idées affreuses et incohérentes qui vinrent m'assaillir en ce moment ! » (l. 127 – 129). Imaginez ces idées.
3. Qu'est-ce que c'est que la jalousie ? Peut-elle être juste et raisonnable ?
4. Honoré de Balzac a écrit : « La jalousie des personnes supérieures devient émulation *(desire to surpass)*... ; celle des petits esprits devient de la

haine. » À votre avis, l'étranger est-il une « personne supérieure » ou un « petit esprit » ? Expliquez.

5. Selon La Rochefoucauld, « il y a dans la jalousie plus d'amour-propre *(conceit)* que d'amour ». Comment cela s'applique-t-il à l'étranger ? Expliquez.

6. Vous vous promenez sur le campus, en ville, en forêt, dans un parc, et ainsi de suite. Écrivez un passage dans lequel vous décrivez, comme le narrateur, les images et les bruits qui éveillent vos sens.

Techniques de l'auteur

1. Faites le plan de l'histoire. Pourquoi Boucher de Boucherville se serait-il servi de deux narrateurs — celui qui commence l'histoire et celui qui lit l'histoire de Léocadie ? Pourquoi n'aurait-il pas tout simplement raconté l'histoire de Léocadie ? Quel est l'effet de cette technique ?

2. L'orage, au sens propre et au sens figuré, est un des thèmes qui domine l'histoire. Identifiez les différents orages que Boucher de Boucherville décrit. Dans quel sens l'emploi de cette image est-il approprié ? De quel vocabulaire l'auteur se sert-il dans ces descriptions ?

3. Dans cette histoire, Boucher de Boucherville juxtapose des descriptions poétiques (comme le calme et la sérénité de la nature, l'innocence et la simplicité de Léocadie) à des descriptions terrifiantes (comme la haine et la violence). Relevez des exemples de ces descriptions. Quel est le résultat de ces juxtapositions ?

4. Par deux fois Boucher de Boucherville change de temps *(tense)* au milieu de la narration (l. 183 ; l. 430 – 41). Quel est ce temps ? Quel effet ce changement de temps produit-il ?

5. Remarquez les insertions de réflexions personnelles (l. 283 – 84 ; l. 297 – 98 ; l. 310 – 13 ; l. 319 – 20 ; l. 361 – 65). Qui parle ? Qu'est-ce que cela ajoute à l'histoire ?

6. Comparez la façon dont Boucher de Boucherville décrit la nature à celle de Dagenais dans **Le Cri.** Relevez les similarités et les différences. Quel vocabulaire les deux auteurs emploient-ils ? Est-ce un vocabulaire concret, abstrait, figuré, et ainsi de suite ? Ont-ils chacun une préférence pour les verbes, les adverbes, les adjectifs, et ainsi de suite ?

Vocabulaire

The vocabulary contains most of the words that appear in the reading selections. Articles, recognizable cognates, pronouns, and commonly used words have not been included.

abbreviations

m. masculine   *f.* feminine   *coll.* colloquial   *pl.* plural

A

abandonner to abandon; **s'** ——— to give oneself up

abattement *m.* weakening, low spirits

abattre to knock down

abeille *f.* bee

abîmer to overwhelm, ruin; **s'** ——— to collapse

abord : d' ——— first of all

abri *m.* shelter

abruti drunken, brutalized

abruti *m.* stupid person, idiot

abrutir to stupefy

abuser de to take advantage of

accessoires *m. pl.* props (theatrical)

accompagner to accompany

accorder to grant, agree; **s'** ——— to agree, be in good understanding

accoster to go up to

accoter to prop up

accouchée *f.* woman who has just given birth

accoucher to give birth

accourir to run up

accroître to increase, heighten

accueil *m.* reception

accueillir to welcome

acheter to buy

achever to finish, finish off

acquérir to acquire

acquiescer to agree, comply

acrostiche *m.* acrostic

acteur, actrice actor, actress

action *f.* stock
actionnaire *m.* shareholder
adoucir to ease
adresse *f.* skill
adresser : s' ——— **à** to be directed
   to, be addressed to
affaibli weakened
affaire *f.* business, trouble, matter; **se**
   tirer d' ——— to get out of
   trouble
affairer : s' ——— to be busy
affaissé sunk down
affamé starving
affiler to sharpen
affiner to refine
affirmer to declare, affirm, assert
affoler to upset greatly, drive crazy
affreux, affreuse horrible, frightful
affronter to face
afin de in order to
aggraver to aggravate
agir to be at work; **s'** ——— **de** to be
   a question of
agiter to agitate, disturb
agrandissement *m.* enlargement
aide *f.* help, relief
aider to help
aigre sour
aigreur *f.* sharpness, surliness
aigu, aigüe sharp
aiguail *m.* dew
aile *f.* wing
ailé winged
ailleurs elsewhere; **d'** ——— besides
aimable kind
aîné older
ainsi thus, so; ——— **que** like
aise *f.* : **mal à l'** ——— uncomfortable
aisément easily, comfortably
ajouter to add
alerte *f.* warning, alarm
aliment *m.* food, nourishment
alléger : s' ——— to lighten
allégresse *f.* joy
aller : s'en ——— to go away; **allez**
   ouste! scram!
allongé stretched out, elongated
allonger to stretch out, lengthen;
   s' ——— to stretch out; ———
   une moue to make a face

allumer to light, set on fire; **s'** ———
   to light, sparkle, flare up
allure *f.* speed, pace
alors then; ——— **que** while
alourdir : s' ——— to become heavier
amadouer to win over
amant *m.* lover
âme *f.* soul
amélioration *f.* improvement
aménagement *m.* setup
amener to lead, bring; **s'** ——— to
   turn up
amer, amère bitter
amertume *f.* bitterness, grief
amitié *f.* friendship
amollir to relax, soften
amputé *m.* amputee
âne *m.* donkey
ange *m.* angel
angoisse *f.* distress, anguish
angoissé distressed
année *f.* year; **l'** ——— **longue** all
   year long (Canadianism)
annoncer to announce
anthropophage *m.* cannibal
antre *m.* den
apaiser to calm, pacify, appease
apôtre *m.* apostle
apparaître to seem, appear
apparemment apparently
apparenter to connect, ally
appartenir à to belong to
appel *m.* call
applaudir to applaud
appliqué studious
apprenti *m.* apprentice
apprêter : s' ——— to expect
apprivoiser to tame
approcher to approach, come near
approuver to approve, consent to
appuyer to stress, lean, hold up;
   s' ——— to lean, rest, depend
à-propos *m.* always suitable behavior
arabesque *f.* drawing
arbre *m.* tree
argent *m.* money, silver
aride dry
arpenter to pace
arracher to grab, pluck, pull out;
   s' ——— to break away

arrêter to stop; **s'** ——— to stop (oneself)

arrière *m.* back; **en** ——— backwards; ——— -**cour** *f.* rear courtyard

arrivée *f.* arrival

arriver to happen; ——— **à** to manage

asile *m.* refuge

asphyxié asphyxiated

aspirer to inhale

assaillir to beset

assez enough; ——— **causé** enough said

assister to assist, help; **que Dieu m'assiste** God help me

assouvir to gratify, satiate

astre *m.* star

atelier *m.* studio, workshop

âtre *m.* hearth

atroce dreadful, atrocious

attablé sitting at the table

attache *f.* ties, connections

attacher to attach; **s'** ——— **à** to have an affection for, cling

atteindre to attain, reach, "get"

atteinte *f.* attack

attendrir : s' ——— to be moved

attendrissement *m.* tenderness

attention! be careful!, watch out!

attirer to attract

attiser to fan (a fire)

attrait *m.* attraction

attrister to sadden; **s'** ——— to become sad

aube *f.* dawn

aucun : ne... aucun(e) no, not one

audace *f.* boldness, daring

au-dessous below

au-dessus above

augmenter to increase

aumône *f.* charity

auprès de near, close to

auréole *f.* halo

aurore boréale *f.* aurora borealis

aussi also; therefore

aussitôt immediately

autant de as much, as many

autel *m.* altar

autour de around

autrefois formerly

autrement otherwise

avaler to swallow

avance : d' ——— beforehand

avancer to advance, promote

avant before; **en** ——— forward

avare miserly, stingy

avertir to warn, alert

aveu *m.* confession

aveuglant blinding

aveuglément blindly

avidité *f.* eagerness

avironner to row

avoir to have; ——— **du mal** to have trouble; ——— **hâte** to be anxious; ——— **un haut-le-corps** to be startled; **en** ——— **marre** to be fed up

avouer to admit, confess

B

baigner to bathe, swim

baiser to kiss

baiser *m.* kiss

baisser to lower

bal *m.* dance, ball

balayer to sweep, chase away

balbutier to mumble, stammer

balle *f.* bullet, ball

ballotter to shake

balustrade *f.* railing

bambin *m. coll.* "little guy"

banc *m.* bench

banlieue *f.* suburb

banquette *f.* seat, bench

baraque *f.* shack, "dump"

barbare barbaric

barbe *f.* beard

barbu bearded

barreau *m.* bar (of a cage, and so on)

bas *m.* stocking; bottom, lower part

basilique *f.* basilica

bâton *m.* stick

battant *m.* door

battre : se ——— to fight

béant gaping

beau-frère *m.* brother-in-law

beau-père *m.* father-in-law

bébé *m.* baby

bec de gaz *m.* 19th-century gas street lamp
bécane *f. coll.* bike
bêche *f.* spade
bégayer to stutter
belle-mère *f.* mother-in-law
bénédiction *f.* expression of thanks
bénéfice *m.* benefit, profit
bête silly, stupid
bête *f.* animal, beast
bêtise *f.* silly thing
bien : —— **de** many; —— **entendu** of course; —— **que** although; —— **sûr** of course; —— **-aimé** beloved
bienfaisant kind, beneficial
bienfait *m.* benefit
bienheureux fortunate, blessed
biens *m. pl.* goods
bientôt soon
bille *f.* log
billet de banque *m.* bank note, bill (money)
blaireau *m.* shaving brush
blanchir to turn white
blaser : se —— to become indifferent
bois *m.* woods
boîte *f.* box
bombarder : —— **en piqué** to dive-bomb
bombé rounded
bond *m.* leap, jump
bonheur *m.* happiness
bonhomme *m.* man
bonne *f.* maid
bonnement honestly, simply
bonne sœur *f.* nun
bord *m.* edge, hem, bank
bordeaux *m.* Bordeaux wine
border to border, hem
borne *f.* limit, boundary, milestone, landmark
borner : se —— **à** to limit oneself to
bossant du dos bending
bosse *f.* hump
bottine *f.* (ankle) boot
boucher to stop, obstruct, cork (a bottle)
bouchon *m.* cork

boucle d'oreille *f.* earring
boucler la boucle to overflow
boue *f.* mud
bouger to move
bougie *f.* candle
bougre *m.* fellow; —— **d'imbécile** you fool
bouillant boiling
bouillir to boil
bouilloire *f.* kettle
bouillonnant bubbling, boiling
bouillotte *f.* hot-water bottle
boulette *f.* small ball
bouleversé upset
bourdonner to buzz, hum
bourg *m.* village
bourreau *m.* executioner, tormentor
bourru surly
bout *m.* end; **au** —— **de** after
bouteille *f.* bottle
boutiquier *m.* shopkeeper
boyau *m.* tire
branche *f.* branch
branle-bas *m.* commotion
brasser to stir
brassière *f.* brassiere (bra) (Canadianism)
brebis *f.* lamb
bref, brève brief
brièvement briefly
briller to shine, sparkle
brise *f.* breeze
brosser to brush
brouillon *m.* rough draft, **papier** —— *m.* scratch paper
brousse *f.* bush, brush
broyé ground
bruit *m.* noise; **faire du** —— to cause a stir
brûler to burn
brûlure *f.* burn
brume *f.* mist
brun brown, brown-haired
brusquement abruptly, bluntly
brusquerie *f.* abruptness
bûche *f.* log
bûcher *m.* woodshed
buée *f.* steam
buisson *m.* bush
burnous *m.* hooded robe

but *m.* goal, spot
buté stubborn
butte *f.* hill

C

cabinet *m.* office (of doctor, attorney, and so on); toilet
cacher to hide; se —— to hide oneself
cadeau *m.* gift
cadre *m.* executive; frame
cagot hypocritical
cahot *m.* jolt, jerk
cajoler to wheedle
calebasse *f.* dried gourd used as a container
calvaire *m.* Calvary
camion *m.* truck
campagne *f.* campaign
campement *m.* encampment
candeur *f.* purity, innocence
canoter to canoe
capuchon à gland *m.* tasseled hood
capucin *m.* monk
car because, for
caracoler to dance about
carré "settled in"
carreau *m.* small square
carton *m.* cardboard
case *f.* hut
cauchemar *m.* nightmare
cause *f.* cause; à —— de because of
causer to chat
céder to yield, surrender
célébrer to celebrate
cendrée *f.* BB (gun/shell)
c'en est fait that's it
cependant however, nevertheless
cerne *m.* circle (around the eyes, wounds, and so on)
cerner to surround
certes indeed, certainly
certitude *f.* certainty
cesse *f.* ceasing
cesser to stop, cease
chair *f.* flesh; en —— chubby
chaleur *f.* warmth, heat
champ *m.* : sur-le- —— at once

chant *m.* song, tune, singing
charge *f.* burden
chasser to hunt, chase, pursue
chat, chatte cat
chatouille *f.* tickling
chauffer to warm
chauffeur *m.* driver
chaume *m.* thatch
chaussé shod
chaussée *f.* road
chavirer to upset
chéchia *f.* fez (red felt tasseled hat)
chemin *m.* road, path; sur son —— on one's way
chêne *m.* oak
chercher to look for, go get; —— à to try to
chevalier *m.* knight
chevaucher to overlap
cheveux *m. pl.* hair; en —— hatless
chevrotant trembling
chiffre *m.* figure, number
chignon *m.* bun (hair), chignon
choc *m.* shock, impact
chômer to be out of work
chronique *f.* chronicle, report
chu fallen
chute *f.* fall
ciel *m.* sky, heaven
cierge *m.* candle
cireur *m.* shoeshine boy
ciseaux *m. pl.* scissors
ciselure *f.* carving
clair clear, light
claquer to chatter (teeth), crack
clarté *f.* brightness
clément mild
cliché *m.* negative (of a photo)
cligner to wink
clochard *m.* tramp, hobo
cloche *f.* bell
cloison *f.* wall, partition
cloque *f.* blister
cocher *m.* coach driver
cœur *m.* heart; —— serré heavy heart
coiffe *f.* cap
coiffer to put on the head, style hair
coin *m.* corner
col *m.* : faux —— detachable collar

colère *f.* anger; **se mettre en** ——— to get angry
colle *f.* glue
coller to glue
colline *f.* hill
colosse *m. & f.* giant
comble *m.* highest point, summit; **pour** ——— **de malheur** to add insult to injury
combler to overwhelm
commande *f.* order
commissionnaire *m.* messenger, porter
commode handy, suitable
commun common, ordinary
compagnon, compagne companion
comparaison *f.* comparison
compas *m.* compass
comportement *m.* behavior
comprendre to understand
compter to count
concilier : se ——— to gain, attract to oneself
concurrent *m.* competitor
conduire to drive, lead
conduite *f.* behavior
confiance *f.* confidence, trust
confiant confident
confier to confide, entrust
confus confused, crestfallen, bewildered
congé *m.* : **prendre** ——— to leave
connaissance *f.* knowledge; **il a toute sa** ——— he has all his wits about him
connaître to know, be familiar with; **s'y** ——— to be an expert
conscience *f.* : **prendre** ——— **de** to become aware of
conseiller to advise
constamment constantly
conte *m.* story
contenir to contain
contenter : se ——— **de** to be satisfied with
conter to tell, relate
constraint forced
contre against; **par** ——— on the other hand
convaincre to convince

convenir to agree, suit
copain *m.* friend, pal
copieux, copieuse plentiful, copious
corbeau *m.* crow
corne *f.* horn
cornet acoustique *m.* intercom
corniche *f.* coast road built on a natural outcropping of rock
corps *m.* body; ———-à-——— hand-to-hand combat, daily struggle
corset *m.* body
côté *m.* side; **à** ——— **de** beside, next to; **à ses** ———**s** by one's side
côtoyer to frequent
cou *m.* neck
couloir *m.* corridor
coup *m.* ——— **de poing** blow with the fist; blow, hit; **d'un** ——— all at once
couper to cut
cour *f.* courtyard; **Cour d'assises** trial court
courant *m.* current
courbé bent over
coureur *m.* racer
courir to run, race
couronné crowned
cours *m.* : **au** ——— **de** during
course *f.* journey, race, trip
courtilière *f.* kind of destructive insect
cousu sewn
coût *m.* cost
coûter to cost
coutume *f.* custom
couturier *m.* fashion designer
couvert *m.* : **mettre le** ——— to set the table
couverture *f.* cover
crac cracking noise, crack
crachat *m.* spit
craindre to fear
crainte *f.* fear
craintif, craintive fearful
crasse *f.* filth
créé created
crépuscule *m.* dusk
creux empty
creux *m.* hollow
crever to burst; *coll.* die

crier to yell; —— **gare** to cry out a warning
crise *f.* crisis
critérium *m.* test, criterion
croire to believe
croisé crossed
croiser to meet
croître to increase
croix *f.* cross
croque-mort *m.* undertaker
cru *m.* : **de mon** —— from my own thinking
cueillir to pick, seize
cuir *m.* leather, skin
cuire to cook; **cuisent** cook
cuivre *m.* copper
cuivré bronzed
culot de pipe *m.* tarred residue in a pipe
culotte *f.* shorts
culotté tarred, charred
culpabilité *f.* guilt

D

dame *f.* lady
davantage more
débardeur *m.* dock worker
débarrasser to rid, free; **se** —— **de** to get rid of, get out of
débattre : **se** —— to struggle, flounder
débit *m.* sale
débité cut up
debout standing, awake
début *m.* beginning
décaniller *coll.* to clear out
décharné emaciated
déchet *m.* waste
déchirant piercing
déchirer to tear
décolleté low-necked
découper to cut up; **se** —— to stand out
décourager : **se** —— to become discouraged
découvert discovered; **à** —— in the open
découvrir to discover, uncover
décrire to describe

décroître to decrease, diminish
dedans in, inside
défaillir to fail, swoon, faint away
défaire to undo
défaut *m.* fault, shortcoming, flaw
défendre to defend; to forbid
défendu forbidden; defended, protected
défiler to parade
défunt deceased, late
dégoût *m.* disgust
dégoûter to disgust
dehors out, outside; **en** —— **de** outside
déjouer to thwart
délectation *f.* delight
délicatesse *f.* delicacy, tenderness
délice *m.* delight, pleasure
dément mad, demented
demeure *f.* home
demeurer to live; to remain
démonter to take apart
dénouement *m.* ending, unraveling (of a story)
départ *m.* departure
départir : **se** —— **de** to give up, deviate from
dépaysé away from home, out of one's element
dépêcher : **se** —— to hurry
dépense *f.* expenditure
dépenser to spend; **se** —— to exert oneself
dépit *m.* resentment
déplacement *m.* move, trip
déplacer to displace, move
déplier to unfold
déployer to unfold, stretch out
depuis since; —— **quinze ans** for fifteen years
député *m.* government representative
déranger to disturb; **se** —— to put oneself out
dernier, dernière last; **ce dernier, cette dernière** the latter
dérouler to unroll
dès from, since; —— **lors** from then on
désaffection *f.* loss of affection
désert deserted

désespérer to despair, give up hope
déshabiller to undress
déshérité outcast
désigner to point out, designate
désintéressement *m.* indifference
dessein *m.* scheme, plan
desserte *f.* remains
dessin *m.* drawing, pattern, design
dessiner to draw, sketch; **se** ——
to be visible, take shape, stand out
dessous *m.* lower part
dessus on, over, above, on top
destin *m.* fate
détacher to detach, unfasten, loosen;
se —— to stand out; to come
undone
déterré as if disinterred
détourner to turn away; **se** —— to
turn away, swerve
détresse *f.* distress
deuil *m.* mourning
dévaster to devastate
devin *m.* prophet, sorcerer
deviner to guess
dévisager to examine, stare at
devise *f.* motto
dévoiler to reveal
devoir to have to, be obliged to,
must; to owe
devoir *m.* duty
dévorer to devour, consume
diable *m.* devil
digne worthy
dilater to dilate, expand, swell,
gladden (the heart)
diminuer to reduce, diminish
diriger to direct, run; **se** —— **vers**
to go towards
disconvenir to dispute, deny
discours *m.* speech, language, words
discret, discrète discreet, cautious
disparaître to disappear
disposer to control, have at one's
command, arrange
disque *m.* disk
dissimulé concealed, artful
dissiper to dissipate, disperse, scatter
dissoudre to dissolve
distinguer to distinguish, single out
distrait absentminded, distracted

dizaine *f.* about ten
doigt *m.* finger; **à deux** —— **s de**
mourir at death's door
domestique *m. & f.* servant
dommage *m.* damage, hurt, loss;
c'est —— it's too bad
don *m.* gift
donc therefore, then, consequently
donner : —— **sur** to overlook
dos *m.* back
dot *f.* dowry
douceur *f.* softness, sweetness,
gentleness
douleur *f.* pain
douloureux, douloureuse painful
douter to doubt; **se** —— **de** to
suspect
douteux, douteuse uncertain, doubtful
doux, douce sweet, soft, pleasant;
doux-amer bittersweet
douzaine *f.* dozen
doyen *m.* senior member, dean
drap *m.* linen, sheet
dresser to erect, set up, lay out;
se —— to stand up; **se** ——
raide to stand on end
droit straight, right; righteous, sincere
dur hard
durcir to harden
durer to last

E

ébène *f.* ebony
ébloui fascinated
éblouissant dazzling
écart *m.* : **à l'** —— aside
échapper : **s'** —— to escape
échelle *f.* ladder
éclabousser to splash
éclair *m.* lightning, flash
éclaircie *f.* understanding
éclaircir to clarify
éclatant dazzling, magnificent
éclater to burst, explode, sparkle
éclos opened
écœuré nauseated
écolier, écolière pupil
économe thrifty, economical
écorce *f.* bark (of a tree)

écorcher les oreilles to grate on the ears
écoulé passed; sold
écouler : s' ——— to pass
écraser to squash, run over, crush
écrevisse f. crayfish
écrier : s' ——— to exclaim
écumant foaming
écume f. silicate
écurie f. stable
édifice m. structure, building
effacer to erase, fade
effaré bewildered
effarer to frighten
effet m. effect; **en** ——— in fact, indeed
effleurer to touch lightly
effluve m. vapor, scent
efforcer : s' ——— to try
effroi m. fright
également equally, likewise
égaler to equal
égard m. : **à l'** ——— **de** with respect to, towards
égarer : s' ——— to get lost
élancé shapely
élancer : s' ——— to dart
élever to lift up, raise; **s'** ——— to rise
éloigné far away
éloigner : s' ——— to go away, back away
émail m. enamel
émaner to come (from), emanate
embaumé fragrant
embellir to beautify
embêtement m. problem, nuisance
embêter to annoy
emboutir to bump into, hit
embraser to set afire
embrasser to kiss
embrouiller to obscure
émerveiller : s' ——— to marvel
emmener to take
emparer : s' ——— **de** to get hold of
empêcher to prevent; **s'** ——— **de** to keep from
empesé starched
emplir to fill
employer to use
emporter to carry away
empourpré flushed

empreint marked, imprinted
empreinte f. impression, stamp
empressement m. eagerness
empresser : s' ——— to stay close, crowd (around)
encadrer to surround, frame
enchaîner to chain up
encore still, again, more; ——— **heureux** luckily
endimancher to dress in Sunday clothes
endormi asleep
endosser to put on
endroit m. place; right side
énerver to irritate: **s'** ——— to become irritated, unnerved
enfantillage m. childishness
enfantin childish
enfer m. hell
enfermer to lock up
enfin finally
enfoncer : s' ——— to plunge
enfourcher to get on, climb on
enfuir : s' ——— to flee, run away
engagement m. engagement, appointment, commitment
engager to promise, engage; to begin; **s'** ——— **dans** to turn into
engloutir to swallow up
engouffrer : s' ——— to disappear
engraisser to gain weight
enjoué jovial
enlever to carry away, lift, clear way
ennui m. nuisance, boredom
ennuyer to annoy, bore
ennuyeux, ennuyeuse annoying, boring
enregistrer to record
ensanglanté bloody
enseigne f. : **à l'** ——— **de** called
ensuite then, next, after
entasser to pile up
entendu understood, agreed
entourer to surround
entraîner to lead, drag; **s'** ——— to be in training
entre between
entrebâillé ajar
entretenir to maintain, entertain
entrevoir to get a glimpse of, perceive

entr'ouvert ajar
entr'ouvrir to open a little, slit
énumérer to enumerate
envahir to fill, overcome
envers m. wrong side
envie f. desire; envy
environ about, nearly
environner to surround
environs m. pl. surroundings, neighborhood
envoler : s' ——— to fly away
épais, épaisse thick
épargner : s' ——— to spare
épaule f. shoulder
éperdu bewildered; ——— ment passionately
épicier, épicière grocer; commonplace person
épine f. thorn
épingle f. pin
épingler to pin
éploré in tears
époque f. time, period
épousailles f. pl. nuptials
épouvantable horrible
épouvanter to terrify, frighten
époux, épouse spouse
épreuve f. (photographic) print
éprouver to feel (an emotion, feeling)
épuiser to exhaust
errer to wander
escadrille f. air squadron
escarpé steep
esclave m. & f. slave
espace m. space
espérance f. hope
essaim m. swarm
essoufflé out of breath
essuie-plume(s) m. piece of fabric used to clean the tip of fountain pens
essuyer to wipe
estrade f. stage
étage m. floor (of a building)
étalage m. display
étalé spread out
étape f. stopping point, distance between stopping points
étendu stretched out
étendue f. expanse

éthique f. ethic
étirer : s' ——— to stretch
étonnement m. astonishment, surprise
étonner : s' ——— to be surprised, wonder
étouffer to stifle, smother, suffocate
étrange strange
étranger m. stranger, foreigner
étrangler to strangle
être m. being
étreindre to grip
étroit narrow
étude de notaire f. lawyer's office
évader : s' ——— to escape
évanoui fainted; vanished
évanouir : s' ——— to faint, vanish
éveil m. awakening; en ——— awake
éveiller to wake (someone); s' ——— to wake up
évidemment obviously, evidently
évident clear, evident, obvious
évier m. sink
évincer to oust
éviter to avoid
évoquer to recall
exécrable abominable
exercer to exercise, practice, perform
exiger to require
expérience f. experiment; experience
expiration f. breathing out
expirer to die
explication f. explanation
exquis exquisite
extrait taken, extracted

F

fabricant m. maker
face f. : en ——— de across from; faire ——— à to face; la ——— humaine mankind
fâcher : se ——— to get angry
facile easy
fade boring, flat
fagot m. kindling
fagoter to dress badly, lack taste
faible weak, slight
faible m. weakness
faiblesse f. weakness

faïence *f.* crockery
faillir to be on the point of, almost (do something)
faire to do, make; —— le tour de to go around; —— des misères à to give a hard time, tease; —— mal à to harm, hurt; —— roue libre to coast; —— valoir to show off; —— volte-face to turn around
fait : bien —— well built
fait *m.* fact; vu le —— que because
faîte *m.* top
fameux excellent, first-rate
fané withered, wilted
fardé embellished, varnished
farine *f.* flour
farouche fierce
fasciner to fascinate
faute *f.* mistake
fauteuil *m.* armchair
fauve *m.* wild animal
fauvette *f.* warbler (bird)
favorisé favored
fêlé cracked
féliciter to congratulate
fendre to split; se —— to burst, die
fendu split
fente *f.* gap
ferraille *f.* scrap iron; à la —— *coll.* to the junkyard!
fessée *f.* spanking
fête *f.* festivity, merry-making
fêter to celebrate, honor, make welcome
feu *m.* fire
feuillage *m.* foliage
feuille *f.* leaf, sheet (of paper)
feuilleté flaky, layered
fiacre *m.* private horse-drawn carriage
ficelle *f.* string
ficher la paix to leave alone
fichier *m.* ledger
fidèle faithful
fidèles *m. pl.* worshipers, faithful
fier : se —— à to trust
fier, fière proud
fièvre *f.* fever
figure *f.* face
figurer : se —— to imagine

fil *m.* thread
filer to go away; —— sur *coll.* to take off for
fille du trottoir *f.* prostitute
fin fine, delicate
fin *f.* end
fixer to fasten, fix; —— son séjour to reside
flagrant : en —— délit in the act, "red-handed"
flamber to burn
flamme *f.* flame, passion
flanc *m.* side, flank
flanquer to pitch, throw
flasque flabby
flatter to flatter
fléchissement *m.* wavering
fleurer to smell
fleuri flowery
fleurir to color
fleuve *m.* river
flot *m.* wave
flotter to float, flutter
foire *f.* fair
fois *f.* time; à la —— at the same time
fonctionnaire *m.* civil servant
fond *m.* back part, background, bottom; à —— thoroughly; du —— from the back
fondre to melt, disappear
forfait *m.* crime
formidable fearful; terrific, great
fort very; —— peu very little
fou, folle crazy, foolish, silly
foudre *f.* lightning
fouetter to whip
fougère *f.* fern
foule *f.* crowd
fournaise *f.* stove
fourneau à braise *m.* coal stove
fournir to furnish, supply
fourrure *f.* fur
fox *m.* fox terrier
foyer *m.* hearth
fracassé crushed
fraîcheur *f.* freshness
frais, fraîche fresh
frais *m. pl.* expenses; —— de représentation expense account

franchement frankly
frapper to hit, strike; **se ——** coll. to worry
frayeur f. fright
frêle fragile, weak
frémir to tremble, shudder
frémissant trembling
frémissement m. trembling, quivering
frileux, frileuse chilly
friselis m. rustling
frisson m. shudder, shiver
frissonnant shivering
frissonner to tremble
froisser to rustle, crumple
front m. forehead
froufrou m. rustling
fuir to flee, escape, elude
fuite f. escape
fumier m. manure
furibond furious, raging
fuselé : notes fuselées high notes
fusil m. gun
futaie f. forest

G

gagner to win, earn, seize, reach
gaîté f. gaiety, cheerfulness
galette f. thin cake
gambader to skip around
gamin m. kid
garce f. coll. bitch
garde-malade f. attendant, nurse
garder to keep
gâter to spoil
gazon m. grass
gazouillis m. twittering, warbling
geignant moaning, whining
geler to freeze
gémissement m. moan
gendre m. son-in-law
gêne f. uneasiness
gêné ill at ease
génie m. genie, spirit; **mauvais —— ** demon, evil spirit
genou m. knee
genre m. style
germer to develop, germinate
geste m. movement, gesture
gilet m. vest

gîte m. refuge
glace f. ice; glass
glacer to freeze
glisser to slip; **se ——** to slip
gober to gulp down
goguenard jeering
gonfler to swell, inflate
gorge f. throat
goulot m. neck
goût m. taste
goûter to taste
goutte f. drop
gouttière f. gutter; **chat de ——** alley cat
grand-chose much
gras, grasse fat
gravir to climb
gré : à son —— to one's liking
grelotter to shiver
grenier m. attic
grimper to climb
grincement m. grinding
grincheux, grincheuse grouchy
grisâtre grayish
griser to intoxicate
gris-gris m. object sold by African sorcerers to preserve bad luck
gronder to scold
grossier, grossière rude, rough, coarse-mannered
grouiller to swarm
guérir to heal
guetter to watch
gueule f. coll. mug, mouth, face
gueuse f. bitch
guidon m. handlebars
guirlande f. wreath, garland

H

habit m. : **—— de cérémonie** Sunday clothes; **en ——** in tuxedoes
habité inhabited
hache f. ax
halé pulled out
halètement m. panting
haleter to pant
hallucinant haunting, hallucinating
hampe f. stem

hardes *f. pl.* clothing
hargneux, hargneuse surly
hasard *m.* : au ——— at random;
   par ——— by chance
hâte *f.* speed; en ——— hastily
hâter : ——— le pas quicken one's
   pace; se ——— to hurry
hâtivement hastily
hausser to shrug (one's shoulders)
haut high; tout ——— out loud;
   taille haute tall
haut *m.* top
hélas! alas!
herbe *f.* grass
héritage *m.* inheritance
hêtre *m.* beech tree
heure *f.* : dans l' ——— within the
   hour; tout à l' ——— a little
   while ago
heureusement fortunately
heurter to hit, strike, knock against
hisser to hoist
hocher : ——— la tête to shake one's
   head
honneur *m.* : faire ——— à to do
   credit to
honte *f.* shame
honteux, honteuse ashamed, sheepish
horloge *f.* clock
horreur *f.* : faire ——— à to horrify
hors : ——— de outside
hôte *m.* host; guest
huard *m.* loon
huître *f.* oyster
humilié humbled, humiliated
hurlement *m.* scream
hurler to scream, yell, roar
hutte *f.* hut
hymen *m.* marriage

I

ici-bas here on Earth
idiot absurd, idiotic
illuminer to light up
image *f.* : ——— de piété religious
   picture
imbibé soaked
impassible unmoved

impériale *f.* top part of a bus,
   stagecoach, and so on, where
   additional seats are found
impliquer to imply
implorer to beseech, call for
importunité *f.* obtrusiveness,
   bothersome advance
imposer : s' ——— to assert oneself
imprégner : s' ——— to become
   impregnated, filled
impressionner to impress
imprudence *f.* rashness
inattendu unexpected, unforeseen
incendie *m.* fire
inconnu unknown
incroyable unbelievable
indécrottable uncouth, unteachable
indéfinissable undefinable
indélébile indelible
indice *m.* sign, indication
industriel *m.* manufacturer
inespéré unexpected
infamie *f.* shameful act
infime tiny, minute
influer to have an influence
ingrat ungrateful, unfair
inquiet, inquiète worried, uneasy
inquiéter to worry, trouble; s' ———
   to worry, be troubled
inquiétude *f.* concern, anxiety
inscrire : s' ——— to sign up
interdit dumbfounded
intermédiaire *m.* middleman
interrompre to interrupt
intransigeant uncompromising
investir to invest
itinéraire *m.* route
ivrogne *m.* drunk

J

jaillir to shoot up, spurt
jalonné marked out
jambe *f.* leg; à toutes ———s quickly
jante *f.* rim (of a wheel)
jardin *m.* garden
jardinier, jardinière gardener
jauni yellowed
je ne sais quoi *m.* "certain something"

jeter to throw; ——— **un coup d'œil** to glance
jeu *m.* game
jeunesse *f.* youth
joie *f.* joy
joli pretty
joue *f.* cheek
jouer to play; ——— **la comédie** to playact; ——— **franc-jeu** to speak frankly
jouet *m.* toy
jouir de to enjoy
jour *m.* day; **tous les** ——— **s** every day
journée *f.* day(time)
juge *m.* judge
juger to judge
jupe *f.* skirt
jurer to swear
jusqu'à until, up to; ——— **présent** up to now
juste just, exactly; ——— **à point** just right
justement precisely, exactly

L

lâcher to let go, loosen, "dump"; ——— **prise** to let go
là-dessus thereupon
laisser to leave, let, allow, abandon; ——— **entendre** to let know
laitue *f.* lettuce
lame *f.* thin leaf of metal
lamé spangled with gold or silver
lamentation *f.* wailing, whining
languissamment languishingly
large wide, broad
larme *f.* tear
las, lasse tired, weary
lassitude *f.* weariness
lécher to lick
léger, légère light
lendemain *m.* the next day
lentement slowly
lenteur *f.* slowness
lever to lift up, raise, flush (birds)
lèvre *f.* lip
lieu *m.* place
lilas *m.* lilac

linceul *m.* shroud
linge *m.* linen
lisible legible, readable
logis *m.* house, dwelling
longer to go along
longuement long, for a long while
loquet *m.* locket
lorsque when
loup *m.* wolf
lourd heavy
lucarne *f.* small window
lueur *f.* glimmer
lunettes *f. pl.* glasses
lutin *m.* elf
lutte *f.* struggle
lutter to struggle

M

mâcher to chew
machinalement automatically
maigre skinny
maillot *m.* T-shirt
maint, mainte many a; ——— **s** several, numerous
maître master; title for a lawyer
maîtresse *f.* lover
mal badly; ——— **à l'aise** ill at ease, uncomfortable
mal (*pl.* **maux**) *m.* ailment
malfaisant evil
malgré in spite of; ——— **tout** after all
malheur *m.* misfortune
malheureusement unfortunately
malheureux, malheureuse miserable
malheureux *m.* miserable person
malicieux, malicieuse sly, malicious
malin, maligne shrewd, clever
malle *f.* trunk
manant *m.* peasant, "clod"
manche *f.* sleeve
manège *m.* game
manier to handle
manquer to lack
mansuétude *f.* gentleness
maquillage *m.* make-up
marche-pied *m.* step
mare *f.* pond
margouillat *m.* sort of gray lizard

mari *m.* husband
marine *f.* Navy
marque *f.* make
masser to massage
matineux early-rising
maugréer to fret, grumble
mauvais bad; ———— **génie** evil
    spirit, demon
méchanceté *f.* meanness
méchant mean
mécontentement *m.* discontent
médaillon *m.* medallion
médicament *m.* medicine
méfiance *f.* suspicion
méfiant suspicious
méfier : se ———— **de** to be suspicious
    of, mistrust
mêler : se ———— to mix
menacer to threaten
ménager to reserve, spare
ménager, ménagère pertaining to the
    household
mendiant *m.* beggar
mener to lead
mensonge *m.* lie
mépris *m.* scorn, contempt
méprise *f.* misunderstanding
mer *f. sea*
merveille *f.* wonder
messe *f.* mass
mesure *f.* : à ———— **que** as
métier *m.* job, trade
mettre to take (+time element);
    ———— **à la portée de quelqu'un**
    to put within someone's reach;
    ———— **au monde** to give birth;
    ———— **en garde** to warn;
    ———— **en œuvre** to put to work;
    ———— **le couvert** to set the table
meule *f.* millstone
meurtrier *m.* murderer
meurtrissure *f.* wound, bruise
miauler to meow
mi-corps to the waist
mil *m.* millet
millier *m.* thousand
mince thin
miroir *m.* mirror
mise en bouteille *f.* bottling
misérable *m.* scoundrel

miséricorde *f.* mercy
mitraillé machine-gunned
mœlleux, mœlleuse soft, mellow
moindre least
moisir to mildew, rot
moitié *f.* half
mont *m.* mount
montée *f.* uphill climb
monter to go up, climb; to establish,
    set up
moquer : se ———— **de** to make fun of
morceau *m.* piece
morne gloomy
mort *f.* death
mort *m.* dead person
mortier *m.* mortar
mou, molle soft, sluggish
mouche *f.* fly
mouchoir *m.* handkerchief
moudre to grind; **moulait** was
    grinding
moue *f.* face, look
mouillé wet
moulinet *m.* small mill
mourant *m.* dying person
mourir to die
mousse *f.* moss
moutonner to wave
mouvementé agitated
mouvoir : se ———— to move
moyen *m.* means
muet, muette mute
mur *m.* wall
murmurer to whisper

N

naissance *f.* birth
naître to be born
nappe *f.* : ———— **souterraine**
    underground reservoir
natte *f.* mat
nauséeux, nauséeuse sickening
nef *f.* nave
nègre *m.* Negro
nettoyage *m.* cleaning
nid *m.* nest
n'importe où anywhere
noblesse *f.* nobility
nœud *m.* knot

nombreux, nombreuse numerous
nommer to call, name
notaire *m.* lawyer
nourrice *f.* wet nurse
nouveau new, another; à ——— again
nouvelle *f.* news
noyer to drown
noyer *m.* walnut tree
nuage *m.* cloud
nue *f.* cloud
nul, nulle no, any
nuque *f.* nape
nu-tête bare-headed

O

obliger to force
occident *m.* west
occuper : s' ——— de to take care of
odeur *f.* smell
œil (*pl.* yeux) *m.* eye
œuvre *f.* work
oie *f.* goose
oiseau *m.* bird
ombre *f.* shadow
omnibus *m.* horse-drawn carriage
onduler to undulate, wave
or *m.* gold
orage *m.* storm
ordonner to command
oreille *f.* ear
orgueil *m.* pride
orme *m.* elm tree
orné ornate
oser to dare
ôter to take off, remove
oubli *m.* oversight
ours *m.* bear
ouste! scram, out!
ouvrier *m.* worker

P

paille *f.* straw
paisible calm
paix *f.* peace
palier *m.* landing
panier *m.* basket
panneau *m.* panel

pantin *m.* puppet
paquet *m.* package; mettre le ——— to give one's all
paradis *m.* paradise
parages *m. pl.* area
paraît-il they say
parcourir to cover (on foot)
pardessus *m.* overcoat
par-dessus over
pardi! hey!
pareil, pareille similar, such a, like that
parfois sometimes
parlement *m.* Parliament
parmi among
paroles *f. pl.* words
parquet *m.* hardwood floor
partagé endowed
parti *m.* match (marriage); prendre son ——— de to resign oneself to
particulier, particulière peculiar
partout everywhere; ——— ailleurs everywhere else
parvenir to reach, manage
pas *m.* footstep
passager, passagère passing
passant *m.* passerby
pâte *f.* dough
patron *m.* boss
patte *f.* paw
pavé covered
paysan *m.* peasant
peau *f.* skin, hide
pêche *f.* fishing
péché *m.* sin
peindre to paint
peine *f.* sadness, sorrow
peiner to work hard
peinture *f.* painting
peloton *m.* team, pack
pelouse *f.* lawn
peluche plush
pencher : se ——— to bend, lean over
pendu hanging
pénible painful
pénombreux, pénombreuse semi-dark
pensif, pensive pensive, thoughtful
pente *f.* slope
perçant piercing, sharp
perche *f.* pole
perdreau *m.* young partridge

perdrix *f.* partridge
perfide sneaky, perfidious
périlleux, périlleuse dangerous, perilous
persiennes *f. pl.* venetian blinds
pervenche *f.* periwinkle
pesanteur *f.* pressure, weight
petit-fils *m.* grandson
pièce *f.* (spare) part
pierre *f.* stone
pieusement piously
pilier *m.* column, pillar
pilon *m.* pestle
pinceau *m.* paintbrush
pincée *f.* pinch
pinson *m.* finch
pioche *f.* pick
piquer to nose-dive; ——— **de la tête** to dip
pire worse; **le** ——— the worst
pirogue *f.* canoe
pis worst
pitié *f.* pity
pittoresque picturesque
place *f.* square
plafond *m.* ceiling
plaindre to pity; **se** ——— to complain
plaisanterie *f.* joke
planche *f.* board
plancher *m.* floor
plaquer to press against; to plate
plat : à ——— flat (tire)
plat de la main *m.* palm of the hand
plein full
pleur *m.* cry, tear
pleurer to cry
pleurnicher to sob, whimper
pli *m.* habit
plier to fold
plonger to plunge
ployer to fold
plume *f.* pen
plupart : la ——— most
plutôt rather
poche *f.* pocket
poids *m.* weight
poignet *m.* wrist
poil *m.* hair
poing serré *m.* clenched fist

pointu sharp, pointed
poitrine *f.* chest, breast(s)
pommade *f.* cream
pont *m.* bridge
portée *f.* reach
portefeuille *m.* attaché case, billfold
posé posed
posément calmly
poste *m.* position, work
postiche false
poudre *f.* powder
pour ma part as for me
pourri rotten
poursuivre to pursue, continue; to haunt
pourtant however
pourvu endowed, supplied; ——— **que** provided that; I hope
pousser to push; ——— **un soupir** to sigh
poussière *f.* dust
précipiter : se ——— to rush
précisément precisely
prendre : s'y ——— to go about it
préparatif *m.* preparation
presque almost
presser to weigh on; ——— **le pas** to hurry, walk faster
prétendre to claim
prêtre *m.* priest
preuve *f.* proof
prévenances *f. pl.* courtesies
prévenir to inform, alert, warn
prévoir to foresee
prier to pray; **priez** kindly ask
prière *f.* prayer
priver : se ——— **de** to do without
procédé *m.* process
profiter to take advantage
profond deep
prolonger to continue, prolong
promeneur walker, stroller
prononcer to utter
propos *m. pl.* talk, words
prouver to prove
provenir to come from, originate
provisions *f. pl.* groceries
puant stinking
pucelle *f.* virgin
puiser to draw (water)

puisque since
puissance *f.* power
puits *m.* well (water)
purin *m.* liquid manure
purotin *m.* destitute person

Q

quai *m.* wharf
quand même anyhow
quant à as for
quartier *m.* neighborhood
quelque part somewhere
quelques a few
quête *f.* search, quest
queue *f.* end; neck (violin)
quoi que whatever

R

rabattre : se —— to swoop down
raconter to tell, recount
rade : en —— abandoned
radieux, radieuse radiant, beaming
radouci softened
rafale *f.* gust
rafler *(coll.)* to swipe
raide straight, stiff
rajeuni looking younger
râle *m.* rattle
ralentir to slow down
ramasser to collect
rameau *m.* bough
ramener to bring back
rampant crawling
rang *m.* social class
rangé arranged
rangée *f.* row
rapin *m. coll.* painter, art student
rappeler to call back
rapporter to earn
rapprocher to bring closer
rassuré reassured
rattacher to tie up again
rattraper : se —— to catch up
ravi delighted
ravir to steal away
raviser : se —— to change one's mind

ravissant charming
rayé striped
rayon *m.* ray
rebut *m.* rubbish, scum
receveur des postes *m.* postmaster
recherche *f.* search
récit *m.* narrative, story
réclamer to claim
réconforté comforted
reconnaître to recognize
redressé sat up
réduisant subduing
réfléchir to think about, reflect
refléter to reflect
refroidir to cool down
réfugier : se —— to seek refuge
regagner to return to
régime *m.* diet
règle à calcul *f.* slide rule
régler to settle
régner to reign
réintégrer to return to, come back to
rejet *m.* rejection
rejeté thrown back
rejoindre to join, catch up with
réjouir : se —— to rejoice
relevé turned up
relever : se —— to stand up
relier to connect
reluire to flash, shine
remède *m.* medicine, remedy
remettre to put back; to postpone;
  se —— en route to resume
  one's journey
remords *m.* remorse
remous *m.* eddy
remplacer to replace
remplir to fill
remporter to win
remuer to move
renard *m.* fox
rendre (+adj.) to make; **se ——** to
  go
renoncer to give up
renouveler : se —— to be revived
renverser to spill
renvoyer to send away
repaire *m.* den
répandre : se —— to spread
replier to fold again

réplique *f.* answer, retort
repos *m.* rest
reposer to put down again
reprendre to continue (speaking)
représenter to point out
réprimer to hold back
reprise *f.* recovery
réseau *m.* network
**résigner : se ——— to be resolved,
resign oneself
résolu resolved, determined
résonner to echo, resound
résoudre to solve
respirer to breathe
**ressaisir : se ——— to get hold of
oneself
ressentir to feel
restant *m.* remaining, remainder
**rester : en ——— là to leave it at that
retard *m.* delay
retenir to hold back, retain
retentir to resound, ring
retirer to pull back, to take off;
se ——— to withdraw
retombant falling back down
retrousser to pull up, roll up
réussite *f.* success
réveillon *m.* Christmas or New
Year's Eve
revenant *m.* ghost
revenir to come back
revers *m.* : au ——— on the back
revêtu dressed
revider to empty again
rez-de-chaussée *m.* ground floor
**rhabiller : se ——— to get dressed
again
ricaner to sneer
ride *f.* wrinkle (skin)
ridé wrinkled
rigoleur, rigoleuse jovial
rive *f.* bank (river), edge
robe *f.* dress
roc *m.* rock
rocher *m.* rock
rôder to prowl, roam
rompre to break
rond round
ronfler to roar
ronger to gnaw

roue *f.* wheel; faire ——— libre to
coast
rouge-gorge *m.* robin redbreast
rougi reddened
rouille *f.* rust
rouleau *m.* rolling pin
roulement *m.* rolling
rouler to drive, roll
ruban *m.* ribbon
rudement really; rudely
rugir to roar
ruisseau *m.* brook

S

sables mouvants *m. pl.* quicksand
sabot *m.* wooden shoe
saccadé irregular, jerky
sagesse *f.* wisdom
saillant protruding
saisir to seize
salaire *m.* salary
sale dirty
**salir : se ——— to get dirty
sang *m.* blood
sanglot *m.* sob
sangloter to sob
**saouler : se ——— to get drunk
sarment *m.* vine-branch
sauf except
saut *m.* jump, hop
sauter to jump
sauvage wild
sauver to save
scellé *m.* sealed bundle
scier to saw
scruter to scrutinize
séance *f.* sitting
seau *m.* bucket
**sec : à ——— dry
sécheresse *f.* drought
seconder to assist
secouer to shake
secours *m.* help
séduire to seduce
sein *m.* heart, bosom
sel gemme *m.* rock salt
selle *f.* saddle
semblable similar
semelle *f.* sole

sens *m.* direction; meaning, sense, opinion; ——— **dessus dessous** topsy-turvy
senteur *f.* smell
sentier *m.* path
septuagénaire *m.* & *f.* seventy-year-old person
serpent *m.* snake
serpenter to meander
serpette *f.* sickle
serré tight; **cœur** ——— heavy heart
serrer to squeeze, clench; ——— **la main** to shake hands
serviable obliging
serviette *f.* towel
servir : se ——— **de** to use
seul alone
sève *f.* sap
seyant becoming
siège *m.* seat
sifflement *m.* whistling
signifier to signify, mean
sillonner to furrow
société *f.* company
soigner to take care of, heal
soigneusement carefully
soin *m.* care
soirée *f.* evening
soit ! so be it!
solennel, solennelle solemn
soliveau *m.* beam
sombre gloomy
sommeiller to doze
sommet *m.* summit, top
son *m.* sound
songer to think
sonner to ring
sonnette *f.* small bell
sorcier *m.* sorcerer
sort *m.* fate
sortie *f.* exit
sot, sotte silly
sot *m.* silly person
sou *m.* penny
soucier : se ——— to be concerned, worry
soudain suddenly
souffle *m.* breathing
souffler to blow
souffrir to suffer, bear

soûl drunk
soulagement *m.* relief
soulever to lift up, raise
soulier *m.* shoe
soûlot *m.* drunkard
soupçonneux, soupçonneuse suspicious
soupir *m.* sigh
soupirer to sigh
sourd deaf; muffled
sourire to smile
sous-chef *m.* deputy head clerk
soutenir to support
souterrain underground
spahi *m.* North African soldier in regiments organized by the French army between 1834 and 1962
strident shrill
subalterne subordinate
subir to undergo
subitement suddenly
suc *m.* juice, essence
suer to sweat
suffire to suffice, be enough
suffoqué choked
suite *f.* : **à sa** ——— behind him/her
suivant following
suivre to follow
supplice *m.* torment
supplier to beseech, entreat
surcroît *m.* : **par** ——— in addition
surgir to rise suddenly
sur-le-champ at once
surprenant surprising
surprendre to take by surprise, catch
sursauter to jump, side-jump
sursis *m.* parole
surtout especially
suspendre to stop
suspendu holding onto
syndicaliste *m.* union member

T

tableau *m.* painting
tache *f.* stain, spot
tâcher to try
tâcheron *m.* worker
taille *f.* waist; ——— **haute** tall

taillis *m.* grove
taire : se ——— to stop talking
talon *m.* heel
tant : ——— **mieux** so much the better; ——— **soit peu** ever so little
tantôt earlier; sometimes
tapisser to plaster; **se** ——— to press oneself
tarder : il me tarde de... —I long to . . .
tartan *m.* plaid blanket
tas *m.* bunch
tel, telle such a
tellement so much
tempe *f.* temple (forehead)
temps *m.* : **de** ——— **à autre** from time to time
tendre to hand
tendresse *f.* tenderness
tenez! here!
tenir : ——— **à** to insist on; **se** ——— **en repos** to rest
tenter to attempt
terminer to finish
terrasser to throw to the ground
terre *f.* ground, earth
terrestre earthly
tête-à-tête *m.* privacy
tiède lukewarm
tiédeur *f.* mildness
tilleul *m.* linden tree
tintamarre *m.* uproar
tinter to ring
tirer to draw; **se** ——— **d'affaire** to manage, get out of trouble
toiser to eye
toit *m.* roof
tomber to fall
tonnerre *m.* thunder
torchon *m.* dish towel
tordre : se ——— to writhe
torréfier to roast
tour *f.* tower
tour *m.* : **faire un** ——— to take a stroll
tourmenté worried, distressed
tournis *m.* dizziness
tournoyer to turn round and round
tous les deux both

toussoter to cough lightly
tout : ——— **à coup** suddenly; ——— **à fait** completely; ——— **à l'heure** a little while ago; ——— **d'un coup** suddenly; ——— **de même** anyhow; ——— **haut** aloud
toutefois however
tracer to draw
trahir to betray
train *m.* : **en** ——— in the mood; **en** ——— **de** in the process of
trait *m.* : **d'un** ——— all at once; ——— **s tirés** tired, fatigued look
traitement *m.* treatment
traiter to treat
trajet *m.* trip
tranquille peaceful, quiet; **laisser** ——— to leave alone
transi chilled, numbed
transpercer to pierce
transport *m.* transportation; ecstasy
transvaser to transfer, pour into another container
travers : à ——— through
traverser to cross
treille grimpante *f.* trailing vine
trembloter to quiver
tremper to dip
trésor *m.* treasure
tressaillir to start, jump
tripot *m.* bar, "dive"
tripoter to caress
tristesse *f.* sadness
tromper : se ——— to be mistaken
trompeur, trompeuse deceitful, deceptive
tronc *m.* trunk
trottoir *m.* sidewalk
trou *m.* hole
trouver to find
tuer to kill
tuile *f.* tile

U

unique (the) only
user to make use, use up
utile useful

V

vacarme *m.* uproar
vague *f.* wave
vaguement vaguely
vainqueur *m.* winner
vaisselle *f.* dishes; eau de ——— *f.*
  dishwater
valise *f.* suitcase
valoir to be worth, be equal to;
  ——— mieux to be better; faire
  ——— to show off
vanter : se ——— to brag
vautour *m.* vulture
véhiculé driven
veille *f.* the day before
veiller to watch
veinard *m. coll.* "lucky duck"
vendre to sell; se ——— to be sold
venger to avenge
vent *m.* wind
vente *f.* sale, sales
ventre *m.* belly, stomach
ventru pot-bellied
verger *m.* orchard
vérité *f.* truth
vermeil, vermeille rosy
verre *m.* glass
verrou *m.* lock
vers towards
verser to pour
vertige *m.* dizziness
vêtir to dress
veuf, veuve widower, widow
vibrer to vibrate
vide *m.* void
vider to empty; ——— d'un trait to
  gulp

vieillard *m.* old man
vieillir to age
viens-t'en let's go
vieux, vieille old man, old woman
vilain nasty, ugly, wretched
visage *m.* face
vite fast, quick, quickly
vitesse *f.* speed
vitre *f.* pane of glass, window
vitrine *f.* (shop) window
vivant living, alive
vivement quickly, briskly, angrily
vivre to live, be alive
voici here is, here are; ——— deux
  ans two years ago
voilà there is, there are
voiler to veil, cover
voisin, voisine neighbor
voix *f.* voice; ——— de tête high-
  pitched voice
vol *m.* flight
voler to steal
volupté *f.* sensual pleasure
vomir to vomit
voûte *f.* arch
voûter : se ——— to bend
voyons come now, come on
voyou *m.* loafer, street urchin
vue *f.* sight, view; en ——— de in
  order to

W

wagon *m.* (train) car

Z

zéphyr *m.* light wind